Descubra Juegos Gratis Online

Disponibles Aquí:

BestActivityBooks.com/FREEGAMES

5 CONSEJOS PARA EMPEZAR

1) CÓMO RESOLVER LAS SOPA DE LETRAS

Los rompecabezas tienen un formato clásico:

- Las palabras se ocultan sin espacios ni guiones,...
- Orientación: Las palabras pueden escribirse hacia delante, hacia atrás, hacia arriba, hacia abajo o en diagonal (pueden estar invertidas).
- Las palabras pueden superponerse o cruzarse.

2) APRENDIZAJE ACTIVO

Junto a cada palabra hay un espacio para anotar la traducción. Para fomentar un aprendizaje activo, un **DICCIONARIO** al final de esta edición te permitirá comprobar y ampliar tus conocimientos. Busca y anota las traducciones, encuéntralas en el puzzle y añádelas a tu vocabulario!

3) MARCAR LAS PALABRAS

Puedes inventar tu propio sistema de marcado. ¿Quizás ya usas uno? También puedes, por ejemplo, marcar las palabras difíciles de encontrar con una cruz, las que te gustan con una estrella, las nuevas con un triángulo, las raras con un diamante, etc.

4) ESTRUCTURAR EL APRENDIZAJE

Esta edición ofrece un **CUADERNO DE NOTAS** muy práctico al final del libro. En vacaciones, de viaje o en casa, podrás organizar fácilmente tus nuevos conocimientos sin necesidad de un segundo cuaderno!

5) ¿HABÉIS TERMINADO TODAS LAS PARRILLAS?

En las últimas páginas de este libro, en la sección **DESAFÍO FINAL**, encontrarás un juego gratis!

¡Rápido y sencillo! Echa un vistazo a nuestra colección de libros de actividades para tu próximo momento de diversión y aprendizaje, ¡a sólo un clic de distancia!

Encuentre su próximo reto en:

BestActivityBooks.com/MiProximoLibro

En sus marcas, listos, ¡Ya!

¿Sabías que hay unas 7.000 lenguas diferentes en el mundo? Las palabras son preciosas.

Nos encantan los idiomas y hemos trabajado duro para crear libros de la más alta calidad para tí. ¿Nuestros ingredientes?

Una selección de temas adecuados para el aprendizaje, tres buenas porciones de entretenimiento, y luego añadimos una cucharada de palabras difíciles y una pizca de palabras raras. Los servimos con cariño y máxima diversión para que puedas resolver los mejores juegos de palabras y te diviertas aprendiendo!

Tu opinión es esencial. Puedes participar activamente en el éxito de este libro dejándonos un comentario. Nos encantaría saber qué es lo que más le ha gustado de esta edición.

Aquí hay un enlace rápido a tu página de pedidos:

BestBooksActivity.com/Opiniones50

Gracias por tu ayuda y diviértete!

Todo el equipo

1 - Ajedrez

M	A	Ύ	Ρ	Ο	Π	Α	Ϊ	Κ	Τ	Η	Α	Λ	Ω
Έ	Ρ	Β	Μ	Π	Α	Α	Ξ	Σ	Ι	Μ	Ν	Ε	Μ
Π	Α	Θ	Η	Τ	Ι	Κ	Ή	Ν	Ν	Ξ	Τ	Υ	Ω
Ν	Ω	Δ	Υ	Π	Χ	Β	Η	Ξ	Π	Ι	Ϊ	Κ	Ν
Α	Έ	Σ	Ι	Σ	Ν	Ψ	Π	Λ	Ι	Π	Π	Ό	Τ
Ε	Ι	Β	Α	Σ	Ϊ	Λ	Ι	Σ	Σ	Α	Α	Β	Ρ
Σ	Σ	Χ	Δ	Ψ	Δ	Α	Ο	Ρ	Χ	Η	Λ	Β	Ε
Α	Τ	Ω	Γ	Ϊ	Ι	Ξ	Ϊ	Η	Λ	Η	Ο	Η	Ώ
Ψ	Π	Ρ	Ω	Τ	Α	Θ	Λ	Η	Τ	Ή	Σ	Λ	Ρ
Δ	Ι	Α	Γ	Ώ	Ν	Ι	Ο	Σ	Η	Μ	Ε	Ϊ	Α
Σ	Τ	Ρ	Α	Τ	Η	Γ	Ι	Κ	Ή	Β	Ω	Γ	Α
Δ	Ϊ	Ν	Τ	Ο	Υ	Ρ	Ν	Ο	Υ	Ά	Σ	Ν	Ξ
Τ	Π	Ο	Λ	Β	Α	Σ	Ι	Λ	Ι	Ά	Σ	Ο	Ϊ
Π	Γ	Β	Ο	Ψ	Ο	Σ	Λ	Έ	Ϊ	Ι	Υ	Δ	Χ

ΛΕΥΚΌ   ΠΑΘΗΤΙΚΉ
ΠΡΩΤΑΘΛΗΤΉΣ   ΣΗΜΕΊΑ
ΔΙΑΓΏΝΙΟΣ   ΒΑΣΊΛΙΣΣΑ
ΣΤΡΑΤΗΓΙΚΉ   ΒΑΣΙΛΙΆΣ
ΠΑΙΧΝΊΔΙ   ΘΥΣΊΑ
ΠΑΪΚΤΗ   ΏΡΑ
ΜΑΎΡΟ   ΤΟΥΡΝΟΥΆ
ΑΝΤΊΠΑΛΟΣ

2 - Agua

X	Έ	Π	Ά	Γ	Ο	Σ	Η	Σ	Α	Μ	Ί	Ί	Ρ
Ί	Ι	Σ	Ε	Ρ	Κ	Α	Ν	Ά	Λ	Ι	Ί	Μ	Π
Η	Π	Ό	Ε	Β	Δ	Ω	Κ	Ε	Α	Ν	Ό	Σ	Ξ
Β	Β	Ι	Ν	Ο	Β	Ε	Ρ	Χ	Ι	Υ	Γ	Ρ	Ό
Ξ	Ψ	Ρ	Σ	Ι	Μ	Ο	Υ	Σ	Ώ	Ν	Α	Σ	Π
Σ	Ί	Έ	Ν	Η	Λ	Ψ	Β	Σ	Ι	Χ	Ρ	Π	Ο
Υ	Γ	Ρ	Α	Σ	Ί	Α	Ρ	Έ	Η	Γ	Ξ	Ν	Τ
Γ	Ξ	Η	Τ	Λ	Μ	Ί	Ο	Κ	Ύ	Μ	Α	Τ	Α
Π	Ο	Π	Μ	Α	Ν	Ψ	Χ	Π	Π	Ε	Ο	Ο	Μ
Β	Δ	Ί	Ο	Ν	Η	Υ	Ή	Μ	Ό	Χ	Ω	Υ	Ό
Μ	Δ	Ε	Ύ	Ε	Ξ	Ά	Τ	Μ	Ι	Σ	Η	Σ	Σ
Χ	Ι	Ο	Υ	Ρ	Ι	Κ	Α	Ν	Α	Σ	Ι	Ξ	Δ
Ο	Τ	Λ	Λ	Π	Α	Γ	Ω	Ν	Ι	Ά	Τ	Μ	Ψ
Π	Λ	Η	Μ	Μ	Ύ	Ρ	Α	Υ	Ί	Α	Σ	Ν	Ο

KANΆΛΙ
ΝΤΟΥΣ
ΕΞΆΤΜΙΣΗ
ΠΑΓΩΝΙΆ
ΠΆΓΟΣ
ΥΓΡΑΣΊΑ
ΧΙΟΥΡΙΚΑΝΑΣ
ΥΓΡΌ
ΠΛΗΜΜΎΡΑ
ΛΊΜΝΗ

ΒΡΟΧΉ
ΜΟΥΣΏΝΑΣ
ΧΙΌΝΙ
ΩΚΕΑΝΌΣ
ΚΎΜΑΤΑ
ΠΌΣΙΜΟ
ΆΡΔΕΥΣΗ
ΠΟΤΑΜΌΣ
ΑΤΜΟΎ

3 - Granja #2

Κ	Υ	Ψ	Έ	Λ	Η	Φ	Α	Ζ	Ί	Χ	Τ	Δ	Ρ
Λ	Α	Ί	Ν	Ά	Ο	Ρ	Γ	Β	Ώ	Ο	Ρ	Ν	Ρ
Γ	Ά	Λ	Α	Μ	Ω	Ο	Ρ	Ψ	Ο	Α	Α	Τ	Ε
Γ	Η	Ι	Α	Α	Α	Ύ	Ο	Ε	Π	Α	Κ	Ρ	Π
Υ	Ί	Β	Η	Μ	Ε	Τ	Τ	Ρ	Δ	Έ	Τ	Ο	Ω
Ψ	Τ	Ά	Ψ	Έ	Π	Ο	Η	Α	Μ	Χ	Έ	Φ	Π
Α	Ε	Δ	Β	Ο	Χ	Ό	Σ	Λ	Έ	Λ	Ρ	Ή	Ν
Έ	Χ	Ι	Ί	Α	Χ	Π	Κ	Τ	Α	Ω	Ο	Ι	Π
Η	Β	Υ	Φ	Υ	Τ	Ό	Σ	Ι	Τ	Ά	Ρ	Ι	Ά
Α	Ο	Π	Ρ	Ό	Β	Α	Τ	Ο	Π	Χ	Τ	Μ	Π
Ρ	Σ	Ο	Ί	Ώ	Κ	Ρ	Ι	Θ	Ά	Ρ	Ι	Χ	Ι
Ν	Κ	Ί	Έ	Η	Ν	Ά	Ρ	Δ	Ε	Υ	Σ	Η	Α
Ί	Ό	Ξ	Γ	Σ	Υ	Α	Λ	Ο	Ω	Υ	Ν	Γ	Ω
Έ	Σ	Έ	Π	Ε	Ρ	Ι	Β	Ό	Λ	Ι	Χ	Μ	Λ

ΑΓΡΟΤΗΣ
ΖΏΑ
ΚΡΙΘΆΡΙ
ΚΥΨΈΛΗ
ΤΡΟΦΉ
ΑΡΝΊ
ΦΡΟΎΤΟ
ΑΧΥΡΏΝΑ
ΠΕΡΙΒΌΛΙ
ΓΆΛΑ

ΛΆΜΑ
ΚΑΛΑΜΠΌΚΙ
ΠΡΌΒΑΤΟ
ΒΟΣΚΌΣ
ΠΆΠΙΑ
ΛΙΒΆΔΙ
ΆΡΔΕΥΣΗ
ΤΡΑΚΤΈΡ
ΣΙΤΆΡΙ
ΦΥΤΌ

4 - Mueble

```
Ε  Κ  Μ  Μ  Ν  Μ  Κ  Ν  Μ  Β  Τ  Λ  Χ  Β
Φ  Α  Α  Ί  Γ  Ρ  Α  Φ  Ε  Ί  Ο  Π  Π  Ι
Ο  Θ  Ξ  Ι  Ε  Α  Ν  Ξ  Σ  Τ  Α  Ο  Α  Β
Υ  Ρ  Ι  Ψ  Χ  Γ  Α  Χ  Ι  Δ  Η  Λ  Γ  Λ
Τ  Ε  Λ  Δ  Α  Α  Π  Ψ  Β  Λ  Δ  Υ  Κ  Ι
Ό  Φ  Ά  Κ  Α  Ρ  Έ  Κ  Λ  Α  Ά  Θ  Ά  Ο
Ν  Τ  Ρ  Ρ  Κ  Ο  Μ  Μ  Ό  Έ  Α  Ρ  Κ  Θ
Χ  Η  Ι  Ε  Λ  Ο  Η  Υ  Ρ  Υ  Α  Ό  Ι  Ή
Α  Σ  Α  Β  Δ  Υ  Υ  Α  Α  Ά  Γ  Ν  Ψ  Κ
Λ  Ο  Ψ  Ά  Σ  Β  Λ  Ρ  Δ  Η  Φ  Α  Β  Η
Ί  Γ  Σ  Τ  Ρ  Ώ  Μ  Α  Τ  Χ  Δ  Ι  Ε  Χ
Χ  Ι  Ι  Ι  Ι  Ι  Β  Ω  Τ  Ί  Δ  Ώ  Α  Β
Έ  Δ  Ί  Μ  Ρ  Τ  Ι  Ο  Β  Ω  Ν  Ρ  Λ  Π
Λ  Ά  Μ  Π  Α  Γ  Λ  Ε  Η  Ψ  Μ  Α  Ν  Π
```

ΧΑΛΊ	ΚΑΘΡΕΦΤΗΣ
ΜΑΞΙΛΆΡΙ	ΒΙΒΛΙΟΘΉΚΗ
ΠΑΓΚΆΚΙ	ΡΆΦΙΑ
ΚΡΕΒΆΤΙ	ΦΟΥΤΌΝ
ΜΑΞΙΛΆΡΙΑ	ΑΙΏΡΑ
ΣΤΡΏΜΑ	ΛΆΜΠΑ
ΚΟΥΡΤΊΝΑ	ΚΑΡΈΚΛΑ
ΚΟΜΜΌ	ΠΟΛΥΘΡΌΝΑ
ΓΡΑΦΕΊΟ	ΚΑΝΑΠΈ

5 - Pesca

```
Ε  Ν  Ε  Ρ  Ό  Β  Β  Η  Λ  Μ  Δ  Σ  Γ  Ά
Έ  Ξ  Υ  Π  Ε  Ρ  Β  Ο  Λ  Ή  Ε  Α  Λ  Γ
Δ  Ε  Ο  Ψ  Ν  Ά  Α  Ι  Τ  Α  Ψ  Γ  Ι  Κ
Γ  Ο  Ο  Π  Ξ  Γ  Σ  Μ  Υ  Ι  Χ  Ό  Υ  Ι
Β  Υ  Ξ  Ο  Λ  Χ  Ζ  Ω  Κ  Ε  Α  Ν  Ό  Σ
Ά  Π  Δ  Τ  Ι  Ι  Κ  Υ  Ι  Υ  Γ  Ι  Η  Τ
Ρ  Ο  Δ  Α  Ε  Α  Σ  Α  Γ  Σ  Ν  Σ  Χ  Ρ
Κ  Μ  Ό  Μ  Ω  Η  Χ  Μ  Λ  Ί  Χ  Υ  Ε  Ο
Α  Ο  Λ  Ό  Ί  Ί  Έ  Ρ  Ό  Ά  Ζ  Σ  Σ  Ε
Ξ  Ν  Ω  Σ  Σ  Ύ  Ρ  Μ  Α  Σ  Θ  Ω  Ω  Μ
Ψ  Ή  Μ  Π  Α  Ρ  Α  Λ  Ί  Α  Ω  Ι  Η  Τ
Τ  Ψ  Α  Ω  Ω  Η  Γ  Χ  Λ  Ί  Μ  Ν  Η  Χ
Π  Τ  Ε  Ρ  Ύ  Γ  Ι  Α  Ρ  Ί  Ξ  Ι  Σ  Έ
Χ  Μ  Ι  Γ  Ε  Ι  Ε  Π  Ο  Χ  Ή  Β  Ξ  Ξ
```

NEPΌ
ΠΤΕΡΎΓΙΑ
ΒΆΡΚΑ
ΒΡΆΓΧΙΑ
ΣΎΡΜΑ
ΔΌΛΩΜΑ
ΚΑΛΆΘΙ
ΕΞΟΠΛΙΣΜΌΣ
ΥΠΕΡΒΟΛΉ

ΆΓΚΙΣΤΡΟ
ΛΊΜΝΗ
ΣΑΓΌΝΙ
ΩΚΕΑΝΌΣ
ΥΠΟΜΟΝΉ
ΖΥΓΊΖΩ
ΠΑΡΑΛΊΑ
ΠΟΤΑΜΌΣ
ΕΠΟΧΉ

6 - Aviones

Υ	Π	Ρ	Ο	Σ	Γ	Ε	Ί	Ω	Σ	Η	Χ	Π	Ο
Κ	Δ	Σ	Χ	Έ	Δ	Ι	Ο	Υ	Μ	Ε	Κ	Ω	Ν
Α	Π	Ρ	Ε	Ί	Α	Χ	Ρ	Ί	Ψ	Η	Α	Μ	Σ
Τ	Ε	Μ	Ο	Ί	Τ	Ν	Η	Α	Ν	Ο	Ύ	Τ	Π
Ε	Ρ	Π	Ρ	Γ	Μ	Α	Έ	Ρ	Α	Σ	Σ	Ρ	Λ
Ύ	Ι	Α	Α	Ξ	Ό	Π	Ι	Λ	Ο	Τ	Ι	Κ	Ή
Θ	Π	Λ	Α	Ε	Σ	Ν	Ο	Α	Λ	Μ	Μ	Δ	Ρ
Υ	Έ	Ό	Σ	Ψ	Φ	Α	Ο	Υ	Ψ	Η	Ο	Η	Ω
Ν	Τ	Ν	Π	Ξ	Α	Π	Ρ	Ν	Ρ	Χ	Ω	Έ	Μ
Σ	Ε	Ι	Έ	Λ	Ι	Κ	Α	Ι	Χ	Α	Ε	Η	Α
Η	Ι	Σ	Τ	Ο	Ρ	Ί	Α	Ψ	Τ	Ν	Ν	Σ	Ρ
Ί	Α	Κ	Α	Τ	Α	Σ	Κ	Ε	Υ	Ή	Ε	Ό	Π
Ε	Π	Ι	Β	Ά	Τ	Η	Ν	Π	Ο	Ι	Γ	Π	Σ
Ν	Ν	Υ	Ψ	Ό	Μ	Ε	Τ	Ρ	Ο	Μ	Χ	Ί	Γ

ΑΈΡΑΣ
ΥΨΌΜΕΤΡΟ
ΎΨΟΣ
ΠΡΟΣΓΕΊΩΣΗ
ΑΤΜΌΣΦΑΙΡΑ
ΠΕΡΙΠΈΤΕΙΑ
ΟΥΡΑΝΌΣ
ΚΑΎΣΙΜΟ
ΚΑΤΑΣΚΕΥΉ
ΚΑΤΕΎΘΥΝΣΗ

ΣΧΈΔΙΟ
ΜΠΑΛΌΝΙ
ΈΛΙΚΑ
ΥΔΡΟΓΌΝΟ
ΙΣΤΟΡΊΑ
ΜΗΧΑΝΉ
ΕΠΙΒΆΤΗ
ΠΙΛΟΤΙΚΉ
ΠΛΉΡΩΜΑ

7 - Tipos de Cabello

```
Ν  Α  Λ  Ρ  Μ  Ε  Ί  Κ  Γ  Δ  Δ  Ψ  Μ  Ξ
Ψ  Ν  Ε  Ψ  Ω  Γ  Π  Α  Τ  Κ  Λ  Ξ  Α  Α
Ί  Ν  Π  Δ  Ο  Υ  Μ  Φ  Ξ  Η  Ρ  Ό  Λ  Ν
Σ  Ο  Τ  Ε  Λ  Ν  Π  Έ  Ι  Ρ  Χ  Ι  Α  Θ
Ω  Γ  Ή  Ο  Ξ  Ί  Ο  Κ  Ο  Ν  Τ  Ό  Κ  Ά
Χ  Ν  Ο  Π  Α  Χ  Ύ  Φ  Υ  Σ  Σ  Ν  Ό  Ι
Μ  Π  Ω  Υ  Σ  Υ  Κ  Α  Υ  Γ  Ι  Ή  Τ  Δ
Λ  Λ  Ι  Β  Ρ  Ξ  Λ  Λ  Μ  Μ  Α  Ύ  Ρ  Ο
Α  Ε  Γ  Η  Ρ  Ά  Ε  Α  Α  Ρ  Υ  Έ  Ι  Ν
Μ  Γ  Υ  Έ  Ο  Ι  Σ  Κ  Κ  Ψ  Ω  Α  Υ  Υ
Π  Μ  Υ  Κ  Η  Υ  Ω  Ρ  Ρ  Ν  Ψ  Υ  Η  Σ
Ε  Έ  Χ  Χ  Ό  Ο  Υ  Ό  Ύ  Ι  Λ  Σ  Ί  Σ
Ρ  Ν  Σ  Ψ  Ε  Λ  Α  Σ  Η  Μ  Έ  Ν  Ι  Ο
Ά  Ο  Π  Λ  Ε  Ξ  Ο  Ύ  Δ  Ε  Σ  Ξ  Έ  Α
```

ΛΕΥΚΌ
ΛΑΜΠΕΡΆ
ΦΑΛΑΚΡΌΣ
ΚΟΝΤΌ
ΛΕΠΤΉ
ΓΚΡΙ
ΠΑΧΎ
ΜΑΚΡΎ
ΚΑΦΈ
ΜΑΎΡΟ

ΑΣΗΜΈΝΙΟ
ΣΓΟΥΡΆ
ΜΠΟΎΚΛΕΣ
ΞΑΝΘΆ
ΥΓΙΉ
ΞΗΡΌ
ΜΑΛΑΚΌ
ΠΛΕΓΜΈΝΟ
ΠΛΕΞΟΎΔΕΣ

8 - Ciencia Ficción

A	O	M	M	M	Ί	A	Ψ	N	Δ	Γ	M	P	Έ
N	A	Υ	Φ	A	A	Υ	X	Ω	Ξ	H	Υ	E	K
I	I	Θ	Λ	Ω	K	N	A	Υ	Δ	Ω	Σ	A	P
N	E	I	Έ	E	T	P	Σ	X	Ά	T	Λ	H
O	Π	Σ	T	Ψ	Ω	I	I	E	Ί	K	H	I	Ξ
Ω	T	T	X	B	X	Γ	Ά	N	Ί	P	P	Σ	H
A	T	O	M	I	K	Ό	N	Ά	Ό	O	I	Τ	Π
B	Υ	P	O	M	Π	Ό	T	P	I	N	Ώ	I	Λ
I	X	Ή	K	Ό	Σ	M	O	I	Ψ	Π	Δ	K	A
B	Σ	M	B	I	Υ	E	I	O	Ξ	X	H	Ή	N
Λ	Γ	A	Λ	A	Ξ	Ί	A	Σ	N	Σ	Σ	Ή
I	T	T	T	E	X	N	O	Λ	O	Γ	Ί	A	T
A	I	A	Ψ	E	Υ	Δ	A	Ί	Σ	Θ	H	Σ	H
H	Φ	A	N	T	A	Σ	T	I	K	Ό	Υ	N	Σ

ΑΤΟΜΙΚΌ
ΜΑΚΡΙΝΌ
ΣΕΝΆΡΙΟ
ΈΚΡΗΞΗ
ΆΚΡΟ
ΦΩΤΙΆ
ΓΑΛΑΞΊΑΣ
ΨΕΥΔΑΊΣΘΗΣΗ
ΦΑΝΤΑΣΤΙΚΌ

ΒΙΒΛΙΑ
ΜΥΣΤΗΡΙΏΔΗΣ
ΚΌΣΜΟ
ΜΥΘΙΣΤΟΡΉΜΑΤΑ
ΜΑΝΤΕΊΟ
ΠΛΑΝΉΤΗΣ
ΡΕΑΛΙΣΤΙΚΉ
ΡΟΜΠΌΤ
ΤΕΧΝΟΛΟΓΊΑ

9 - Juguetes

```
Χ Χ Ω Υ Π Ρ Χ Ρ Ώ Μ Α Τ Α Λ
Π Α Ζ Λ Ο Π Ο Φ Ο Ρ Τ Η Γ Ό
Α Ρ Α Υ Δ Ε Τ Μ Σ Τ Γ Κ Α Α
Ε Τ Γ Ί Ή Β Ξ Δ Π Ψ Υ Ο Μ Υ
Ρ Α Α Ε Λ Β Ά Υ Γ Ό Ο Ύ Π Τ
Ο Ε Π Σ Α Ι Β Ρ Δ Ω Τ Κ Ά Ο
Π Τ Η Μ Τ Ο Έ Μ Κ Φ Ν Λ Λ Κ
Λ Ό Μ Τ Ο Τ Ύ Μ Π Α Ν Α Α Ί
Ά Σ Έ Τ Έ Ε Υ Υ Ν Ξ Ε Ρ Ν
Ν Κ Ν Τ Έ Χ Α Ξ Γ Τ Ι Α Μ Η
Ο Ά Ο Ι Ω Ν Σ Δ Β Α Ρ Ο Ο Τ
Λ Κ Σ Έ Ε Ί Ν Ψ Ξ Σ Ρ Έ Ξ Ο
Β Ι Β Λ Ι Α Τ Υ Ω Ί Ω Χ Ν Ο
Π Α Ι Χ Ν Ί Δ Ι Α Α Λ Σ Ρ Ο
```

ΣΚΆΚΙ
ΒΙΟΤΕΧΝΊΑ
ΑΕΡΟΠΛΆΝΟ
ΒΆΡΚΑ
ΠΟΔΉΛΑΤΟ
ΜΠΆΛΑ
ΦΟΡΤΗΓΌ
ΑΥΤΟΚΊΝΗΤΟ
ΧΑΡΤΑΕΤΌΣ
ΑΓΑΠΗΜΈΝΟΣ

ΦΑΝΤΑΣΊΑ
ΠΑΙΧΝΊΔΙΑ
ΒΙΒΛΙΑ
ΚΟΎΚΛΑ
ΧΡΩΜΑΤΑ
ΡΟΜΠΌΤ
ΠΑΖΛ
ΤΎΜΠΑΝΑ
ΤΡΈΝΟ

10 - Circo

```
Δ  Ι  Α  Σ  Κ  Ε  Δ  Ά  Σ  Ε  Ι  Ξ  Μ  Σ
Κ  Α  Ρ  Α  Μ  Έ  Λ  Α  Γ  Σ  Λ  Ν  Π  Ρ
Λ  Α  Ε  Β  Α  Θ  Ε  Α  Τ  Ή  Σ  Μ  Α  Ε
Μ  Α  Π  Υ  Ε  Μ  Ι  Ν  Α  Ζ  Ώ  Α  Λ  Λ
Δ  Ω  Ψ  Μ  Σ  Ν  Σ  Κ  Η  Ν  Ή  Ϊ  Ό  Έ
Ρ  Σ  Ί  Ι  Ω  Χ  Ι  Ν  Λ  Μ  Ω  Μ  Ν  Φ
Α  Κ  Ρ  Ο  Β  Ά  Τ  Η  Σ  Ό  Υ  Ο  Ι  Α
Τ  Η  Μ  Β  Ω  Σ  Ή  Τ  Γ  Κ  Ο  Ύ  Α  Ν
Μ  Δ  Τ  Λ  Β  Ω  Ρ  Τ  Μ  Υ  Ό  Υ  Ί  Τ
Β  Α  Ί  Υ  Ί  Ξ  Ι  Π  Α  Ω  Γ  Λ  Ν  Α
Π  Ξ  Γ  Τ  Υ  Ζ  Ο  Γ  Κ  Λ  Έ  Ρ  Π  Σ
Β  Ξ  Ρ  Ε  Κ  Ο  Σ  Τ  Ο  Ύ  Μ  Ι  Χ  Ο
Δ  Σ  Η  Β  Ί  Ο  Λ  Ι  Ο  Ν  Τ  Ά  Ρ  Ι
Μ  Ά  Γ  Ο  Σ  Α  Μ  Ο  Υ  Σ  Ι  Κ  Ή  Ι
```

ΑΚΡΟΒΆΤΗΣ	ΜΑΓΕΊΑ
ΖΏΑ	ΜΆΓΟΣ
ΕΙΣΙΤΉΡΙΟ	ΖΟΓΚΛΈΡ
ΚΑΡΑΜΈΛΑ	ΜΑΪΜΟΎ
ΣΚΗΝΉ	ΜΟΥΣΙΚΉ
ΕΛΈΦΑΝΤΑΣ	ΚΛΌΟΥΝ
ΔΙΑΣΚΕΔΆΣΕΙ	ΤΊΓΡΗ
ΘΕΑΤΉΣ	ΚΟΣΤΟΎΜΙ
ΜΠΑΛΌΝΙΑ	ΚΌΛΠΟ
ΛΙΟΝΤΆΡΙ	

11 - Rellenar

Λ	Σ	Η	Ξ	Ί	Γ	Η	Ψ	Ρ	Ο	Η	Δ	Π	Λ
Τ	Ε	Α	Χ	Ε	Ξ	Ο	Σ	Μ	Δ	Π	Ο	Η	Σ
Τ	Σ	Κ	Κ	Α	Λ	Ά	Θ	Ι	Ν	Β	Μ	Σ	Α
Ξ	Ψ	Ο	Ά	Ο	Μ	Ί	Τ	Σ	Έ	Π	Η	Έ	Ι
Ν	Ί	Υ	Η	Ν	Ύ	Έ	Α	Ι	Σ	Β	Φ	Γ	Δ
Β	Ξ	Τ	Έ	Π	Η	Λ	Σ	Υ	Ρ	Τ	Ά	Ρ	Ι
Μ	Α	Ί	Ρ	Ν	Γ	Η	Α	Έ	Π	Χ	Κ	Ί	Β
Π	Β	Λ	Η	Α	Ι	Ε	Ι	Β	Α	Ρ	Ε	Λ	Ά
Ο	Γ	Δ	Ί	Σ	Κ	Ο	Σ	Α	Κ	Α	Λ	Έ	Ζ
Υ	Ξ	Ί	Ο	Τ	Σ	Γ	Α	Ρ	Έ	Σ	Ο	Ι	Ο
Κ	Μ	Ρ	Β	Ψ	Σ	Α	Ε	Έ	Τ	Ψ	Σ	Ξ	Ρ
Ά	Ί	Ν	Ε	Ε	Ρ	Α	Σ	Λ	Ο	Ψ	Τ	Ο	Ξ
Λ	Μ	Χ	Α	Ρ	Τ	Ο	Κ	Ι	Β	Ώ	Τ	Ι	Ο
Ι	Φ	Ά	Κ	Ε	Λ	Ο	Σ	Ω	Λ	Ή	Ν	Α	Σ

ΔΊΣΚΟΣ
ΒΑΡΈΛΙ
ΣΑΚΟΎΛΑ
ΤΣΈΠΗ
ΜΠΟΥΚΆΛΙ
ΚΟΥΤΊ
ΣΥΡΤΆΡΙ
ΦΆΚΕΛΟ

ΧΑΡΤΟΚΙΒΏΤΙΟ
ΚΑΛΆΘΙ
ΛΕΚΆΝΗ
ΒΆΖΟ
ΒΑΛΊΤΣΑ
ΠΑΚΈΤΟ
ΦΆΚΕΛΟΣ
ΣΩΛΉΝΑΣ

12 - Granja #1

```
Δ Π Ε Δ Ί Ο Ν Ι Φ Α Ο Έ Δ Ω
Α Σ Ί Έ Ω Ξ Ε Δ Ρ Ι Χ Έ Λ Ε
Γ Α Ϊ Δ Ο Ύ Ρ Ι Α Δ Β Π Ο Ξ
Μ Ί Π Υ Κ Ω Ό Ε Κ Λ Τ Έ Ρ Ι
Π Σ Δ Σ Γ Ο Χ Β Τ Λ Η Β Π Δ
Δ Ν Π Α Ε Α Τ Ι Η Π Π Τ Ψ Μ
Ν Ν Μ Ν Ω Ψ Γ Ό Σ Ο Χ Σ Ι Ο
Μ Σ Π Ό Ρ Ο Ι Ε Π Γ Η Δ Ρ Σ
Έ Ο Η Ε Γ Σ Κ Ύ Λ Ο Σ Ω Ύ Χ
Λ Ξ Ο Χ Ί Α Δ Η Δ Ά Υ Η Ζ Ά
Ι Γ Τ Π Α Ο Γ Η Ε Ξ Δ Λ Ι Ρ
Κ Ο Ρ Ά Κ Ι Ά Λ Ο Γ Ο Α Ο Ι
Ρ Π Ο Ι Σ Ψ Τ Μ Έ Λ Ι Σ Σ Α
Π Ψ Β Ψ Γ Ε Α Λ Ί Π Α Σ Μ Α
```

ΜΈΛΙΣΣΑ	ΓΆΤΑ
ΓΕΩΡΓΊΑ	ΣΑΝΌ
ΝΕΡΌ	ΜΈΛΙ
ΡΎΖΙ	ΣΚΎΛΟΣ
ΓΑΪΔΟΎΡΙ	ΚΟΤΌΠΟΥΛΟ
ΆΛΟΓΟ	ΣΠΌΡΟΙ
ΓΊΔΑ	ΜΟΣΧΆΡΙ
ΠΕΔΊΟ	ΓΗ
ΚΟΡΆΚΙ	ΑΓΕΛΆΔΑ
ΛΊΠΑΣΜΑ	ΦΡΑΚΤΗΣ

13 - Camping

Σ	Υ	Δ	Χ	Ε	Σ	Ω	Λ	Π	Β	Ο	Υ	Ν	Ό
Χ	Ά	Ρ	Τ	Η	Ξ	Χ	Δ	Έ	Ν	Τ	Ρ	Α	Έ
Ο	Ξ	Υ	Ξ	Ψ	Π	Ο	Κ	Ά	Π	Έ	Λ	Ο	Ν
Ι	Φ	Λ	Η	Λ	Ε	Μ	Π	Ί	Υ	Β	Η	Χ	Τ
Ν	Φ	Ύ	Ν	Λ	Ρ	Σ	Ι	Λ	Ί	Μ	Ν	Η	Ο
Ί	Ω	Ξ	Σ	Υ	Ι	Χ	Ι	Ξ	Ι	Λ	Κ	Κ	Μ
Ο	Τ	Τ	Ρ	Η	Π	Έ	Ο	Ζ	Χ	Σ	Α	Α	Ο
Α	Ι	Ώ	Ρ	Α	Έ	Φ	Ε	Ώ	Ω	Ο	Μ	Ν	Ω
Ρ	Ά	Α	Λ	Ξ	Τ	Κ	Ε	Α	Χ	Φ	Π	Ό	Τ
Δ	Α	Σ	Ο	Σ	Ε	Υ	Μ	Γ	Ξ	Α	Ί	Ο	Σ
Π	Ν	Δ	Υ	Ω	Ι	Ν	Π	Σ	Γ	Ν	Ν	Ε	Έ
Π	Υ	Ξ	Ί	Δ	Α	Ή	Ρ	Ρ	Ψ	Ά	Α	Μ	Δ
Ξ	Μ	Ε	Υ	Π	Ι	Γ	Χ	Τ	Υ	Ρ	Ρ	Ξ	Ι
Ο	Μ	Ω	Τ	Χ	Ί	Ι	Ν	Ψ	Ί	Ι	Ε	Ι	Ν

ΖΏΑ
ΠΕΡΙΠΈΤΕΙΑ
ΔΈΝΤΡΑ
ΔΑΣΟΣ
ΠΥΞΊΔΑ
ΚΑΜΠΊΝΑ
ΚΑΝΌ
ΚΥΝΉΓΙ
ΣΧΟΙΝΊ
ΕΞΟΠΛΙΣΜΌΣ

ΦΩΤΙΆ
ΑΙΏΡΑ
ΈΝΤΟΜΟ
ΛΊΜΝΗ
ΦΑΝΆΡΙ
ΦΕΓΓΆΡΙ
ΧΆΡΤΗ
ΒΟΥΝΌ
ΦΎΣΗ
ΚΑΠΈΛΟ

14 - Fruta

```
Γ  Λ  Α  Α  Κ  Τ  Ι  Ν  Ί  Δ  Ι  Ο  Β  Λ
Κ  Π  Χ  Μ  Β  Μ  Ή  Λ  Ο  Η  Ν  Π  Ε  Ε
Ο  Ν  Λ  Χ  Π  Ο  Ξ  Γ  Χ  Ι  Ω  Ψ  Ρ  Μ
Υ  Υ  Ά  Δ  Ι  Α  Κ  Ε  Ρ  Ά  Σ  Ι  Ί  Ό
Ά  Μ  Δ  Λ  Λ  Ν  Ν  Ά  Γ  Χ  Β  Ν  Κ  Ν
Β  Ά  Ι  Τ  Β  Π  Ω  Ά  Ν  Ί  Ρ  Ε  Ο  Ι
Α  Ν  Ι  Χ  Ι  Λ  Ε  Η  Ν  Τ  Η  Κ  Κ  Σ
Η  Γ  Κ  Ρ  Ξ  Ι  Ξ  Π  Ί  Α  Ο  Τ  Ο  Τ
Γ  Κ  Α  Τ  Σ  Ω  Χ  Ω  Ό  Α  Γ  Α  Ο  Α
Π  Ο  Ρ  Τ  Ο  Κ  Ά  Λ  Ι  Ν  Ο  Ρ  Λ  Φ
Μ  Ο  Ύ  Ρ  Ο  Ί  Τ  Ν  Μ  Α  Ι  Ί  Ψ  Ύ
Ρ  Ο  Δ  Ά  Κ  Ι  Ν  Ο  Ξ  Ε  Ν  Ι  Ν  Σ  Λ
Ί  Γ  Α  Χ  Μ  Π  Π  Α  Π  Ά  Γ  Ι  Α  Ι
Η  Σ  Υ  Β  Α  Τ  Ό  Μ  Ο  Υ  Ρ  Ο  Ρ  Ψ
```

ΑΒΟΚΆΝΤΟ	ΜΉΛΟ
ΒΕΡΊΚΟΚΟ	ΡΟΔΆΚΙΝΟ
ΜΟΎΡΟ	ΠΕΠΌΝΙ
ΚΕΡΆΣΙ	ΠΟΡΤΟΚΆΛΙ
ΚΑΡΎΔΑ	ΝΕΚΤΑΡΊΝΙ
ΒΑΤΌΜΟΥΡΟ	ΠΑΠΆΓΙΑ
ΓΚΟΥΆΒΑ	ΑΧΛΆΔΙ
ΑΚΤΙΝΊΔΙΟ	ΑΝΑΝΆ
ΛΕΜΌΝΙ	ΜΠΑΝΆΝΑ
ΜΆΝΓΚΟ	ΣΤΑΦΎΛΙ

15 - Geología

```
Δ  Λ  Α  Ή  Μ  Ξ  Α  Α  Ο  Ρ  Υ  Κ  Τ  Ά
Ο  Ρ  Ο  Π  Έ  Δ  Ι  Ο  Λ  Ά  Β  Α  Χ  Δ
Ξ  Ζ  Γ  Ε  Σ  Κ  Υ  Τ  Γ  Ά  Ν  Π  Α  Ι
Ύ  Ώ  Ν  Ι  Ε  Π  Ο  Β  Α  Ί  Τ  Σ  Λ  Ά
Τ  Ν  Έ  Ρ  Ι  Ξ  Ή  Ρ  Π  Α  Π  Ι  Α  Β
Ξ  Η  Ρ  Ο  Σ  Β  Ι  Λ  Ά  Τ  Χ  Ε  Ζ  Ρ
Ι  Έ  Δ  Σ  Μ  Μ  Έ  Χ  Α  Λ  Ω  Γ  Ί  Ω
Λ  Έ  Χ  Σ  Ό  Ο  Λ  Ρ  Ί  Ι  Λ  Γ  Α  Σ
Η  Φ  Α  Ί  Σ  Τ  Ε  Ι  Ο  Ν  Ο  Ι  Έ  Η
Σ  Τ  Ρ  Ώ  Μ  Α  Π  Ο  Λ  Ί  Θ  Ω  Μ  Α
Σ  Τ  Α  Λ  Α  Γ  Μ  Ι  Τ  Ε  Σ  Υ  Ξ  Ν
Α  Σ  Β  Έ  Σ  Τ  Ι  Ο  Π  Έ  Τ  Ρ  Α  Ε
Ε  Ο  Λ  Ε  Σ  Κ  Ρ  Ύ  Σ  Τ  Α  Λ  Λ  Α
Σ  Τ  Α  Λ  Α  Κ  Τ  Ί  Τ  Η  Σ  Ι  Π  Υ
```

ΟΞΎ   ΣΤΑΛΑΓΜΙΤΕΣ
ΑΣΒΈΣΤΙΟ   ΑΠΟΛΊΘΩΜΑ
ΣΤΡΏΜΑ   ΛΆΒΑ
ΣΠΉΛΑΙΟ   ΟΡΟΠΈΔΙΟ
ΉΠΕΙΡΟΣ   ΟΡΥΚΤΆ
ΚΟΡΆΛΛΙ   ΠΈΤΡΑ
ΚΡΎΣΤΑΛΛΑ   ΑΛΆΤΙ
ΧΑΛΑΖΊΑ   ΣΕΙΣΜΌΣ
ΔΙΆΒΡΩΣΗ   ΗΦΑΊΣΤΕΙΟ
ΣΤΑΛΑΚΤΊΤΗΣ   ΖΏΝΗ

16 - Plantas

```
Φ  Ύ  Λ  Λ  Ο  Φ  Ρ  Ο  Έ  Ε  Σ  Ε  Φ  Ε
Λ  Β  Ε  Π  Ε  Α  Κ  Ι  Σ  Σ  Ό  Σ  Ύ  Η
Μ  Ο  Ρ  Α  Η  Σ  Β  Χ  Π  Τ  Ω  Π  Λ  Γ
Ο  Ω  Υ  Ύ  Ξ  Ό  Υ  Ό  Έ  Μ  Τ  Λ  Λ  Λ
Ύ  Ξ  Ρ  Λ  Α  Λ  Β  Λ  Τ  Π  Ι  Κ  Ω  Ί
Ρ  Έ  Ι  Ε  Ο  Ι  Ί  Ξ  Α  Α  Δ  Ή  Μ  Π
Ο  Έ  Η  Ε  Σ  Ύ  Ψ  Μ  Λ  Μ  Ν  Π  Α  Α
Ή  Λ  Ι  Ο  Σ  Γ  Δ  Τ  Ο  Π  Κ  Ο  Ο  Σ
Χ  Λ  Ω  Ρ  Ί  Δ  Α  Ι  Σ  Ο  Ά  Σ  Έ  Μ
Ω  Ο  Μ  Ί  Ψ  Έ  Σ  Ω  Β  Ύ  Κ  Υ  Δ  Α
Ι  Ν  Έ  Ζ  Ψ  Ν  Ο  Λ  Γ  Β  Τ  Ο  Η  Χ
Ρ  Δ  Β  Α  Τ  Τ  Σ  Η  Υ  Ω  Ο  Γ  Η  Ί
Ο  Γ  Β  Ο  Ί  Ρ  Α  Ρ  Ω  Β  Σ  Β  Λ  Ψ
Ί  Χ  Χ  Β  Β  Ο  Τ  Α  Ν  Ι  Κ  Ή  Δ  Ε
```

ΔΈΝΤΡΟ	ΦΑΣΌΛΙ
ΜΠΑΜΠΟΎ	ΚΙΣΣΌΣ
ΜΟΎΡΟ	ΒΌΤΑΝΟ
ΔΑΣΟΣ	ΦΎΛΛΟ
ΒΟΤΑΝΙΚΉ	ΚΉΠΟΣ
ΚΆΚΤΟΣ	ΒΡΎΑ
ΛΊΠΑΣΜΑ	ΠΈΤΑΛΟ
ΛΟΥΛΟΎΔΙ	ΡΊΖΑ
ΧΛΩΡΊΔΑ	ΉΛΙΟΣ
ΦΎΛΛΩΜΑ	

17 - Suministros de Arte

```
Κ  Δ  Τ  Έ  Ν  Ι  Μ  Μ  Ε  Λ  Ά  Ν  Ι  Ξ
Ά  Χ  Ί  Η  Χ  Χ  Ω  Χ  Ο  Ξ  Β  Υ  Λ  Λ
Ρ  Υ  Β  Τ  Ψ  Υ  Τ  Ρ  Ι  Λ  Τ  Υ  Ω  Α
Β  Χ  Ο  Ί  Ο  Ρ  Ι  Δ  Έ  Α  Ύ  Χ  Λ  Κ
Ο  Τ  Ρ  Α  Π  Έ  Ζ  Ι  Π  Κ  Δ  Β  Χ  Ο
Υ  Μ  Ψ  Ώ  Λ  Δ  Η  Ν  Α  Ρ  Β  Ν  Ι  Υ
Ν  Α  Ψ  Ί  Μ  Λ  Ί  Έ  Σ  Υ  Χ  Γ  Π  Α
Ο  Υ  Α  Υ  Ν  Α  Ρ  Η  Τ  Λ  Α  Ό  Η  Ρ
Κ  Α  Β  Α  Λ  Έ  Τ  Ο  Έ  Ι  Ρ  Μ  Δ  Έ
Ψ  Λ  Ψ  Ο  Ά  Κ  Ξ  Α  Λ  Κ  Τ  Α  Ρ  Λ
Ν  Ε  Ρ  Ό  Δ  Ξ  Ό  Ω  Ρ  Ό  Ί  Ε  Σ  Ε
Β  Σ  Λ  Π  Ι  Ν  Έ  Λ  Ο  Β  Ξ  Μ  Τ  Σ
Κ  Α  Ρ  Έ  Κ  Λ  Α  Υ  Λ  Ω  Β  Γ  Ξ  Η
Ψ  Μ  Υ  Ω  Λ  Ν  Ω  Π  Ρ  Α  Ψ  Σ  Σ  Ε
```

ΛΆΔΙ
ΑΚΡΥΛΙΚΌ
ΑΚΟΥΑΡΈΛΕΣ
ΝΕΡΌ
ΓΌΜΑ
ΚΑΒΑΛΈΤΟ
ΚΆΡΒΟΥΝΟ
ΠΙΝΈΛΟ
ΧΡΏΜΑΤΑ

ΙΔΈΑ
ΜΟΛΎΒΙΑ
ΤΡΑΠΈΖΙ
ΧΑΡΤΊ
ΠΑΣΤΈΛ
ΚΌΛΛΑ
ΚΑΡΈΚΛΑ
ΜΕΛΆΝΙ

18 - Jardín

```
Γ Β Π Τ Β Ν Υ Χ Σ Ι Σ Α Α Χ
Ρ Ε Ε Ρ Μ Β Μ Μ Ω Λ Γ Η Μ Ί
Α Ρ Ρ Α Ι Ώ Ρ Α Λ Ν Ε Ρ Π Ί
Σ Ά Ι Μ Ψ Υ Ί Δ Ή Ί Ψ Η Έ Υ
Ί Ν Β Π Ί Β Λ Ι Ν Έ Ο Π Λ Λ
Δ Τ Ό Ο Η Μ Γ Κ Α Ρ Ά Ζ Ι Ί
Ι Α Λ Λ Ο Υ Λ Ο Ύ Δ Ι Ι Π Μ
Σ Ν Ι Ί Γ Κ Α Ζ Ό Ν Ρ Ζ Α Ν
Ε Ι Δ Ν Κ Ή Π Ο Σ Τ Μ Ά Γ Η
Ξ Ο Α Ο Φ Τ Υ Ά Ρ Ι Ε Ν Κ Ο
Φ Ρ Α Κ Τ Η Σ Χ Ε Δ Ι Ι Ά Α
Τ Σ Ο Υ Γ Κ Ρ Ά Ν Α Υ Α Κ Ί
Υ Ξ Β Ξ Μ Ω Υ Ί Ρ Ε Η Ρ Ι Ω
Δ Έ Ν Τ Ρ Ο Π Ι Ρ Ω Σ Γ Ψ Γ
```

ΔΈΝΤΡΟ	ΚΉΠΟΣ
ΠΑΓΚΆΚΙ	ΖΙΖΆΝΙΑ
ΓΚΑΖΌΝ	ΣΩΛΉΝΑ
ΛΊΜΝΗ	ΦΤΥΆΡΙ
ΛΟΥΛΟΎΔΙ	ΤΣΟΥΓΚΡΆΝΑ
ΓΚΑΡΆΖ	ΒΕΡΆΝΤΑ
ΑΙΏΡΑ	ΤΡΑΜΠΟΛΊΝΟ
ΓΡΑΣΊΔΙ	ΦΡΑΚΤΗΣ
ΠΕΡΙΒΌΛΙ	ΑΜΠΈΛΙ

19 - Países #2

Ι	Π	Α	Κ	Ι	Σ	Τ	Ά	Ν	Ω	Ρ	Ν	Ρ	Μ
Α	Ν	Ο	Υ	Γ	Κ	Ά	Ν	Τ	Α	Ω	Ο	Ω	Ε
Ι	Υ	Δ	Λ	Ά	Ο	Σ	Χ	Ζ	Χ	Έ	Γ	Σ	Ξ
Θ	Η	Σ	Ο	Ο	Υ	Κ	Ρ	Α	Ν	Ί	Α	Ί	Ι
Ι	Λ	Υ	Τ	Ν	Σ	Υ	Χ	Μ	Ε	Ξ	Η	Α	Κ
Ο	Ξ	Ρ	Π	Ρ	Η	Χ	Λ	Ά	Λ	Ι	Α	Λ	Ό
Π	Τ	Ί	Ξ	Ξ	Ί	Σ	Υ	Ι	Λ	Α	Υ	Β	Ω
Ί	Γ	Α	Λ	Λ	Ί	Α	Ί	Κ	Ά	Π	Σ	Α	Ι
Α	Σ	Ο	Υ	Δ	Ά	Ν	Α	Α	Δ	Ω	Τ	Ν	Ξ
Π	Ο	Ρ	Τ	Ο	Γ	Α	Λ	Ί	Α	Ν	Ρ	Ί	Η
Ω	Μ	Χ	Ν	Ι	Ρ	Λ	Α	Ν	Δ	Ί	Α	Α	Ν
Υ	Α	Β	Δ	Ά	Ν	Ί	Α	Χ	Σ	Α	Λ	Λ	Ε
Π	Ξ	Χ	Ο	Ε	Α	Ι	Π	Β	Ξ	Ω	Ί	Ν	Έ
Τ	Δ	Α	Ο	Δ	Ι	Ε	Ψ	Ο	Ε	Λ	Α	Η	Ψ

ΑΛΒΑΝΊΑ	ΙΑΠΩΝΊΑ
ΑΥΣΤΡΑΛΊΑ	ΛΆΟΣ
ΑΥΣΤΡΊΑ	ΜΕΞΙΚΌ
ΔΑΝΊΑ	ΠΑΚΙΣΤΆΝ
ΑΙΘΙΟΠΊΑ	ΠΟΡΤΟΓΑΛΊΑ
ΓΑΛΛΊΑ	ΡΩΣΊΑ
ΕΛΛΆΔΑ	ΣΥΡΊΑ
ΙΝΔΟΝΗΣΊΑ	ΣΟΥΔΆΝ
ΙΡΛΑΝΔΊΑ	ΟΥΚΡΑΝΊΑ
ΤΖΑΜΆΙΚΑ	ΟΥΓΚΆΝΤΑ

20 - Tecnología

```
Η  Η  Η  Ψ  Σ  Τ  Α  Τ  Ι  Σ  Τ  Ι  Κ  Ή
Δ  Υ  Σ  Α  Ι  Τ  Τ  Σ  Σ  Λ  Ψ  Ρ  Α  Ι
Ε  Ι  Κ  Ο  Ν  Ι  Κ  Ή  Τ  Ο  Η  Π  Ρ  Ό
Δ  Υ  Α  Υ  Ί  Γ  Τ  Ω  Ο  Γ  Φ  Ε  Χ  Σ
Ο  Δ  Ω  Δ  Π  Ι  Α  Ν  Λ  Ι  Ι  Ρ  Ε  Ι
Μ  Χ  Β  Ο  Ί  Ε  Χ  Α  Ό  Σ  Α  Ι  Ί  Ί
Έ  Γ  Α  Γ  Ο  Κ  Ε  Β  Γ  Μ  Κ  Ή  Ο  Ο
Ν  Υ  Β  Ί  Α  Ι  Τ  Τ  Ι  Ι  Ή  Γ  Έ  Θ
Α  Μ  Ή  Ν  Υ  Μ  Α  Υ  Ο  Κ  Ν  Η  Ρ  Ό
Α  Σ  Φ  Ά  Λ  Ε  Ι  Α  Ο  Ό  Ξ  Σ  Ε  Ν
Ρ  Ε  Π  Ω  Δ  Ρ  Ο  Μ  Ε  Α  Σ  Η  Υ  Η
Υ  Π  Ο  Λ  Ο  Γ  Ι  Σ  Τ  Ή  Ω  Σ  Ν  Ξ
Ν  Σ  Ο  Ω  Σ  Υ  Γ  Α  Β  Ε  Ψ  Ε  Α  Α
Ψ  Η  Φ  Ι  Ο  Λ  Έ  Ξ  Ε  Ι  Σ  Γ  Β  Ί
```

ΑΡΧΕΊΟ
ΙΣΤΟΛΌΓΙΟ
ΨΗΦΙΟΛΈΞΕΙΣ
ΔΡΟΜΕΑΣ
ΔΕΔΟΜΈΝΑ
ΨΗΦΙΑΚΉ
ΣΤΑΤΙΣΤΙΚΉ
ΔΙΑΔΊΚΤΥΟ
ΈΡΕΥΝΑ

ΜΉΝΥΜΑ
ΠΕΡΙΉΓΗΣΗΣ
ΥΠΟΛΟΓΙΣΤΉ
ΟΘΌΝΗ
ΑΣΦΆΛΕΙΑ
ΛΟΓΙΣΜΙΚΌ
ΕΙΚΟΝΙΚΉ
ΪΟΣ

21 - Números

```
Δ  Ε  Κ  Α  Έ  Ξ  Ι  Δ  Σ  Ί  Π  Ε  Τ  Δ
Ε  Ε  Ο  Κ  Τ  Ώ  Π  Ώ  Ί  Ο  Έ  Μ  Έ  Ε
Κ  Μ  Κ  Η  Σ  Μ  Η  Δ  Έ  Ν  Ν  Μ  Σ  Κ
Α  Γ  Ο  Α  Έ  Ξ  Ι  Ε  Χ  Δ  Τ  Ρ  Σ  Α
Τ  Ξ  Ξ  Τ  Π  Ί  Γ  Κ  Α  Ω  Ε  Π  Ε  Ε
Έ  Δ  Έ  Λ  Μ  Έ  Ε  Α  Ν  Ο  Π  Δ  Ρ  Ν
Σ  Ε  Δ  Ε  Μ  Ε  Ν  Α  Υ  Δ  Υ  Ε  Α  Ν
Σ  Κ  Ε  Ε  Μ  Η  Υ  Τ  Ω  Έ  Μ  Κ  Ε  Έ
Ε  Α  Κ  Ε  Ν  Β  Π  Ο  Ε  Κ  Ε  Α  Ί  Α
Ρ  Ο  Α  Ψ  Ε  Ν  Δ  Ύ  Ο  Α  Π  Δ  Κ  Α
Α  Κ  Τ  Ρ  Η  Χ  Έ  Ι  Σ  Ί  Τ  Ι  Ο  Ρ
Ί  Τ  Ρ  Α  Ε  Έ  Ι  Α  Έ  Ξ  Ά  Κ  Σ  Ο
Ψ  Ώ  Ί  Δ  Ε  Κ  Α  Ε  Π  Τ  Ά  Ό  Ι  Υ
Α  Ρ  Α  Τ  Ρ  Ί  Α  Ε  Τ  Η  Β  Χ  Π  Ψ
```

ΔΕΚΑΤΈΣΣΕΡΑ	ΔΏΔΕΚΑ
ΜΗΔΈΝ	ΔΎΟ
ΠΈΝΤΕ	ΕΝΝΈΑ
ΤΈΣΣΕΡΑ	ΟΚΤΏ
ΔΕΚΑΔΙΚΌ	ΔΕΚΑΠΈΝΤΕ
ΔΕΚΑΕΝΝΈΑ	ΈΞΙ
ΔΕΚΑΟΚΤΏ	ΕΠΤΆ
ΔΕΚΑΈΞΙ	ΔΕΚΑΤΡΊΑ
ΔΕΚΑΕΠΤΆ	ΤΡΊΑ
ΔΈΚΑ	ΕΊΚΟΣΙ

22 - Mitología

```
Λ  Ψ  Ε  Έ  Τ  Ί  Λ  Ψ  Ψ  Π  Π  Σ  Τ  Π
Κ  Α  Ρ  Χ  Έ  Τ  Υ  Π  Ο  Ξ  Ο  Σ  Έ  Ο
Σ  Α  Β  Ρ  Ο  Ν  Τ  Ή  Δ  Δ  Λ  Δ  Ρ  Λ
Α  Υ  Τ  Ύ  Ι  Τ  Τ  Σ  Ύ  Έ  Ι  Η  Α  Ε
Σ  Η  Μ  Α  Ρ  Ε  Γ  Θ  Ν  Η  Τ  Ό  Σ  Μ
Τ  Ρ  Ω  Π  Σ  Ι  Ε  Ρ  Α  Μ  Ι  Έ  Ί  Ι
Ρ  Ω  Π  Υ  Ε  Τ  Ν  Ω  Μ  Ε  Σ  Η  Β  Σ
Α  Ί  Α  Ξ  Β  Ρ  Ρ  Θ  Η  Γ  Μ  Ω  Έ  Τ
Π  Δ  Ι  Σ  Ν  Χ  Ι  Ο  Ο  Η  Ό  Β  Λ  Ή
Ή  Α  Ζ  Ή  Λ  Ι  Α  Φ  Φ  Σ  Σ  Β  Η  Σ
Ή  Ρ  Ω  Α  Σ  Τ  Ο  Υ  Ο  Ή  Ο  Π  Δ  Ι
Α  Θ  Α  Ν  Α  Σ  Ί  Α  Θ  Ρ  Ύ  Λ  Ο  Σ
Ε  Κ  Δ  Ί  Κ  Η  Σ  Η  Π  Λ  Ά  Σ  Μ  Α
Ε  Π  Ε  Π  Ο  Ι  Θ  Ή  Σ  Ε  Ι  Σ  Ι  Σ
```

ΑΡΧΈΤΥΠΟ	ΉΡΩΑΣ
ΖΉΛΙΑ	ΑΘΑΝΑΣΊΑ
ΣΥΜΠΕΡΙΦΟΡΆ	ΛΑΒΎΡΙΝΘΟΣ
ΠΕΠΟΙΘΉΣΕΙΣ	ΘΡΎΛΟΣ
ΠΛΆΣΜΑ	ΤΈΡΑΣ
ΠΟΛΙΤΙΣΜΌΣ	ΘΝΗΤΌΣ
ΚΑΤΑΣΤΡΟΦΉ	ΑΣΤΡΑΠΉ
ΔΎΝΑΜΗ	ΒΡΟΝΤΉ
ΠΟΛΕΜΙΣΤΉΣ	ΕΚΔΊΚΗΣΗ
ΗΡΩΊΔΑ	

23 - Ecología

```
Π  Ί  Ν  Ι  Σ  Λ  Ξ  Υ  Ξ  Η  Ε  Ί  Φ  Π
Α  Π  Χ  Ε  Ί  Ω  Α  Η  Χ  Ν  Ο  Ξ  Υ  Α
Δ  Ο  Ί  Έ  Τ  Α  Π  Ό  Ρ  Ω  Ν  Χ  Σ  Γ
Δ  Ι  Β  Γ  Ι  Μ  Α  Ο  Ε  Α  Α  Π  Ι  Κ
Ν  Κ  Ω  Ε  Ε  Π  Ι  Β  Ί  Ω  Σ  Η  Κ  Ό
Υ  Ι  Ω  Ί  Ε  Ξ  Φ  Ω  Δ  Ψ  Υ  Ί  Ή  Σ
Χ  Λ  Ω  Ρ  Ί  Δ  Α  Ύ  Ο  Α  Ρ  Ν  Α  Μ
Κ  Ί  Ί  Η  Β  Β  Λ  Ά  Σ  Τ  Η  Σ  Η  Ι
Λ  Α  Π  Κ  Ο  Ι  Ν  Ό  Τ  Η  Τ  Α  Ω  Α
Ί  Η  Α  Ί  Υ  Ώ  Φ  Μ  Ω  Ο  Ρ  Ρ  Η  Ψ
Μ  Μ  Ν  Υ  Ν  Σ  Τ  Υ  Μ  Δ  Ρ  Ν  Μ  Ε
Α  Α  Ί  Σ  Ά  Ι  Χ  Χ  Τ  Τ  Ε  Υ  Έ  Ν
Ι  Ε  Δ  Ξ  Σ  Μ  Θ  Α  Λ  Ά  Σ  Σ  Ι  Ο
Υ  Ρ  Α  Μ  Λ  Η  Λ  Ψ  Π  Έ  Ξ  Γ  Ε  Τ
```

ΚΛΊΜΑ	ΦΥΣΙΚΉ
ΚΟΙΝΌΤΗΤΑ	ΦΎΣΗ
ΠΟΙΚΙΛΊΑ	ΦΥΤΆ
ΕΊΔΟΣ	ΠΌΡΩΝ
ΠΑΝΊΔΑ	ΞΗΡΑΣΊΑ
ΧΛΩΡΊΔΑ	ΒΙΏΣΙΜΗ
ΠΑΓΚΌΣΜΙΑ	ΕΠΙΒΊΩΣΗ
ΘΑΛΆΣΣΙΟ	ΒΛΆΣΤΗΣΗ
ΒΟΥΝΆ	

24 - Casa

```
Τ  Σ  Έ  Α  Η  Τ  Γ  Ί  Β  Υ  Ν  Β  Π  Γ
Ψ  Ζ  Ψ  Π  Σ  Κ  Ο  Ύ  Π  Α  Τ  Ι  Α  Κ
Β  Υ  Ά  Τ  Ά  Υ  Ω  Ί  Χ  Ρ  Ο  Β  Ρ  Α
Ρ  Π  Ι  Κ  Ο  Τ  Π  Β  Χ  Δ  Υ  Λ  Ά  Ρ
Ύ  Ν  Υ  Α  Ι  Χ  Ω  Π  Έ  Ο  Σ  Ι  Θ  Ά
Σ  Ο  Φ  Ί  Τ  Α  Ρ  Μ  Ε  Β  Σ  Ο  Υ  Ζ
Η  Δ  Ψ  Λ  Δ  Λ  Έ  Ο  Α  Τ  Τ  Θ  Ρ  Α
Τ  Ω  Ρ  Ψ  Π  Ί  Ξ  Β  Η  Ε  Έ  Ή  Ο  Φ
Π  Μ  Ο  Ω  Έ  Λ  Ο  Π  Η  Υ  Γ  Κ  Ι  Ρ
Α  Ά  Δ  Λ  Ά  Ρ  Γ  Ι  Τ  Η  Η  Ω  Α
Σ  Τ  Υ  Ξ  Ψ  Μ  Κ  Ο  Υ  Ζ  Ί  Ν  Α  Κ
Ξ  Ι  Β  Ο  Λ  Π  Ό  Ρ  Τ  Α  Γ  Ω  Ε  Τ
Τ  Ο  Γ  Δ  Κ  Α  Θ  Ρ  Ε  Φ  Τ  Η  Σ  Η
Υ  Π  Ό  Γ  Ε  Ι  Ο  Κ  Ή  Π  Ο  Σ  Ψ  Σ
```

ΧΑΛΊ	ΒΡΎΣΗ
ΣΟΦΊΤΑ	ΚΉΠΟΣ
ΒΙΒΛΙΟΘΉΚΗ	ΛΆΜΠΑ
ΤΖΆΚΙ	ΤΟΊΧΟΣ
ΚΟΥΖΊΝΑ	ΠΆΤΩΜΑ
ΥΠΝΟΔΩΜΆΤΙΟ	ΠΌΡΤΑ
ΝΤΟΥΣ	ΥΠΌΓΕΙΟ
ΣΚΟΎΠΑ	ΣΤΈΓΗ
ΚΑΘΡΕΦΤΗΣ	ΦΡΑΚΤΗΣ
ΓΚΑΡΆΖ	ΠΑΡΆΘΥΡΟ

25 - Artes Visuales

```
Ο  Η  Τ  Ξ  Φ  Η  Β  Υ  Ζ  Ψ  Β  Ε  Τ  Α
Κ  Ω  Ί  Σ  Ω  Λ  Σ  Α  Ω  Β  Μ  Ι  Α  Ρ
Α  Ρ  Ι  Σ  Τ  Ο  Ύ  Ρ  Γ  Η  Μ  Α  Ι  Χ
Β  Κ  Μ  Ύ  Ο  Σ  Κ  Ο  Ρ  Ξ  Π  Π  Ν  Ι
Α  Α  Ο  Ν  Γ  Τ  Ι  Υ  Α  Υ  Ε  Ο  Ί  Τ
Λ  Λ  Λ  Θ  Ρ  Υ  Μ  Ξ  Φ  Δ  Ο  Λ  Α  Ε
Έ  Λ  Ύ  Ε  Α  Λ  Ω  Μ  Ι  Ν  Ο  Υ  Π  Κ
Τ  Ι  Β  Σ  Φ  Ό  Λ  Ν  Κ  Η  Κ  Γ  Ο  Τ
Ο  Τ  Ι  Η  Ί  Μ  Ί  Α  Ή  Δ  Ε  Ρ  Ρ  Ο
Η  Έ  Η  Γ  Α  Π  Α  Ω  Ρ  Ν  Ρ  Ά  Τ  Ν
Ν  Χ  Ξ  Β  Ε  Ρ  Ν  Ί  Κ  Ι  Ί  Φ  Ρ  Ι
Ξ  Ν  Κ  Ε  Ρ  Α  Μ  Ι  Κ  Ή  Τ  Ο  Έ  Κ
Ι  Η  Κ  Ά  Ρ  Β  Ο  Υ  Ν  Ο  Ψ  Υ  Τ  Ή
Ω  Σ  Π  Ρ  Ο  Ο  Π  Τ  Ι  Κ  Ή  Ι  Ο  Ο
```

ΑΡΧΙΤΕΚΤΟΝΙΚΉ	ΜΟΛΎΒΙ
ΚΑΛΛΙΤΈΧΝΗΣ	ΑΡΙΣΤΟΎΡΓΗΜΑ
ΒΕΡΝΊΚΙ	ΤΑΙΝΊΑ
ΚΑΒΑΛΈΤΟ	ΠΡΟΟΠΤΙΚΉ
ΚΆΡΒΟΥΝΟ	ΖΩΓΡΑΦΙΚΉ
ΚΕΡΊ	ΠΟΛΥΓΡΆΦΟ
ΚΕΡΑΜΙΚΉ	ΣΤΥΛΌ
ΣΎΝΘΕΣΗ	ΠΟΡΤΡΈΤΟ
ΦΩΤΟΓΡΑΦΊΑ	ΚΙΜΩΛΊΑ

26 - Escuela #2

```
Λ  Δ  Λ  Η  Μ  Ε  Ρ  Ο  Λ  Ό  Γ  Ι  Ο  Γ
Ο  Ά  Ε  Ψ  Ξ  Α  Π  Χ  Α  Χ  Μ  Ψ  Π  Π
Γ  Σ  Ω  Α  Β  Ν  Ρ  Ι  Λ  Α  Ν  Έ  Η  Β
Ο  Κ  Φ  Λ  Π  Ά  Μ  Ν  Σ  Ρ  Ν  Ψ  Σ  Ι
Τ  Α  Ο  Ί  Ξ  Γ  Ρ  Ο  Χ  Τ  Ι  Ξ  Σ  Β
Ε  Λ  Ρ  Δ  Ε  Ν  Β  Ο  Λ  Ί  Ή  Ω  Ω  Λ
Χ  Ο  Ε  Ι  Έ  Ω  Ω  Ω  Ύ  Ύ  Ρ  Μ  Υ  Ι
Ν  Σ  Ί  Γ  Ω  Σ  Λ  Ι  Ο  Χ  Β  Υ  Η  Α
Ί  Α  Ο  Ρ  Υ  Η  Η  Έ  Β  Υ  Α  Ι  Μ  Π
Α  Κ  Α  Δ  Η  Μ  Α  Ϊ  Κ  Ή  Σ  Χ  Τ  Α
Ι  Δ  Λ  Γ  Ρ  Α  Μ  Μ  Α  Τ  Ι  Κ  Ή  Ρ
Ε  Κ  Π  Α  Ί  Δ  Ε  Υ  Σ  Η  Χ  Α  Τ  Ο
Σ  Α  Κ  Ί  Δ  Ι  Ο  Λ  Ε  Ξ  Ι  Κ  Ό  Χ
Π  Α  Ι  Χ  Ν  Ί  Δ  Ι  Α  Ω  Ε  Ο  Ψ  Ή
```

ΑΚΑΔΗΜΑΪΚΉ	ΑΝΆΓΝΩΣΗ
ΛΕΩΦΟΡΕΊΟ	ΒΙΒΛΙΑ
ΗΜΕΡΟΛΌΓΙΟ	ΛΟΓΟΤΕΧΝΊΑ
ΕΠΙΣΤΉΜΗ	ΣΑΚΊΔΙΟ
ΛΕΞΙΚΌ	ΧΑΡΤΊ
ΕΚΠΑΊΔΕΥΣΗ	ΔΆΣΚΑΛΟΣ
ΓΡΑΜΜΑΤΙΚΉ	ΡΟΎΧΑ
ΠΑΙΧΝΊΔΙΑ	ΠΑΡΟΧΉ
ΜΟΛΎΒΙ	ΨΑΛΊΔΙ

27 - Selva Tropical

Π	Ο	Λ	Ύ	Τ	Ι	Μ	Α	Ζ	Γ	Λ	Σ	Ψ	Ε
Π	Φ	Ύ	Σ	Η	Β	Η	Χ	Ο	Υ	Γ	Υ	Σ	Π
Ο	Ρ	Ί	Κ	Α	Τ	Α	Φ	Ύ	Γ	Ι	Ο	Ύ	Ι
Ι	Κ	Λ	Ί	Μ	Α	Ι	Δ	Γ	Δ	Σ	Σ	Ν	Β
Κ	Β	Μ	Π	Θ	Δ	Μ	Ί	Κ	Λ	Β	Έ	Ν	Ί
Ι	Ο	Ν	Η	Έ	Η	Ξ	Δ	Λ	Ρ	Ρ	Β	Ε	Ω
Λ	Τ	Ξ	Γ	Ν	Ε	Λ	Ι	Α	Α	Ύ	Ο	Φ	Σ
Ί	Α	Χ	Μ	Τ	Σ	Π	Α	Π	Ε	Α	Μ	Α	Η
Α	Ν	Ν	Μ	Ο	Λ	Λ	Τ	Σ	Ο	Ρ	Α	Π	Έ
Λ	Ι	Έ	Ξ	Μ	Ψ	Λ	Ή	Π	Τ	Υ	Ι	Λ	Ξ
Τ	Κ	Π	Ρ	Α	Ο	Μ	Ρ	Ο	Γ	Ι	Λ	Λ	Έ
Ε	Ή	Μ	Τ	Ι	Π	Σ	Η	Ψ	Ε	Λ	Κ	Ι	Γ
Β	Ε	Ί	Δ	Ο	Σ	Υ	Σ	Γ	Ε	Ξ	Ω	Ά	Ά
Α	Μ	Φ	Ί	Β	Ι	Α	Η	Λ	Ω	Β	Μ	Σ	Σ

ΑΜΦΊΒΙΑ   ΣΎΝΝΕΦΑ
ΒΟΤΑΝΙΚΉ   ΠΟΥΛΙΆ
ΚΛΊΜΑ   ΔΙΑΤΉΡΗΣΗ
ΠΟΙΚΙΛΊΑ   ΚΑΤΑΦΎΓΙΟ
ΕΊΔΟΣ   ΣΈΒΟΜΑΙ
ΈΝΤΟΜΑ   ΖΟΎΓΚΛΑ
ΘΗΛΑΣΤΙΚΆ   ΕΠΙΒΊΩΣΗ
ΒΡΎΑ   ΠΟΛΎΤΙΜΑ
ΦΎΣΗ

28 - Colores

```
Μ  Χ  Τ  Ω  Σ  Δ  Ξ  Δ  Τ  Ε  Γ  Ο  Π  Π
Π  Κ  Έ  Κ  Α  Φ  Έ  Γ  Η  Μ  Α  Ύ  Ρ  Ο
Λ  Ί  Μ  Ό  Λ  Λ  Γ  Ν  Χ  Π  Λ  Μ  Ά  Ρ
Ε  Τ  Ο  Κ  Τ  Ο  Ε  Κ  Ρ  Ε  Ά  Α  Σ  Τ
Έ  Ρ  Β  Κ  Χ  Β  Υ  Υ  Ρ  Ζ  Ζ  Α  Ι  Ο
Δ  Ι  Ρ  Ι  Α  Ι  Δ  Λ  Κ  Ι  Ι  Έ  Ν  Κ
Χ  Ν  Ξ  Ν  Ε  Ο  Ω  Ε  Α  Ό  Ο  Π  Ο  Ά
Π  Ο  Η  Ο  Ω  Λ  Ν  Ρ  Γ  Κ  Έ  Γ  Ρ  Λ
Κ  Υ  Α  Ν  Ό  Ε  Π  Ο  Ν  Ο  Ί  Γ  Ρ  Ι
Β  Έ  Α  Β  Χ  Τ  Γ  Ζ  Ρ  Γ  Ν  Β  Σ  Σ
Λ  Δ  Ω  Α  Π  Ί  Ι  Ω  Χ  Μ  Ρ  Έ  Σ  Έ
Ί  Ξ  Ψ  Τ  Χ  Ψ  Ι  Χ  Ν  Ο  Ρ  Ν  Ω  Π
Β  Μ  Λ  Γ  Ν  Ξ  Ω  Ί  Υ  Ε  Ν  Λ  Μ  Ι
Ί  Ρ  Γ  Ω  Α  Ω  Ψ  Ί  Φ  Ο  Ύ  Ξ  Ι  Α
```

ΚΊΤΡΙΝΟ	ΚΑΦΈ
ΜΠΛΕ	ΠΟΡΤΟΚΆΛΙ
ΓΑΛΆΖΙΟ	ΜΑΎΡΟ
ΜΠΕΖ	ΜΟΒ
ΛΕΥΚΌ	ΚΌΚΚΙΝΟ
ΚΥΑΝΌ	ΡΟΖ
ΦΟΎΞΙΑ	ΣΈΠΙΑ
ΓΚΡΙ	ΠΡΆΣΙΝΟ
ΛΟΥΛΑΚΊ	ΒΙΟΛΕΤΊ

29 - Adjetivos #1

```
Ί  Σ  Τ  Φ  Ι  Μ  Έ  Υ  Ί  Ν  Β  Β  Ω  Π
Λ  Η  Ε  Ι  Ω  Ο  Τ  Σ  Ω  Ί  Α  Ρ  Γ  Ή
Β  Μ  Ρ  Λ  Σ  Ν  Ε  Μ  Α  Κ  Ρ  Ύ  Γ  Κ
Ί  Α  Ά  Ό  Ο  Τ  Α  Ξ  Ω  Ι  Ι  Π  Ε  Α
Π  Ν  Σ  Δ  Β  Έ  Η  Θ  Ω  Μ  Ά  Σ  Ν  Λ
Δ  Τ  Τ  Ο  Α  Ρ  Ε  Τ  Ώ  Τ  Έ  Η  Ν  Λ
Σ  Ι  Ι  Ξ  Ρ  Ν  Π  Η  Ι  Ο  Ι  Ω  Α  Ι
Ο  Κ  Ο  Ο  Ή  Ο  Τ  Ξ  Μ  Σ  Σ  Κ  Ι  Τ
Ξ  Ό  Ο  Α  Ρ  Ω  Μ  Α  Τ  Ι  Κ  Ό  Ό  Ε
Λ  Υ  Ί  Ύ  Φ  Ω  Τ  Ε  Ι  Ν  Ό  Δ  Δ  Χ
Ο  Ω  Σ  Ε  Ρ  Α  Σ  Λ  Β  Ο  Ε  Τ  Ω  Ν
Τ  Έ  Λ  Ε  Ι  Ο  Έ  Ν  Ξ  Χ  Ψ  Τ  Ρ  Ι
Ε  Ν  Ε  Ρ  Γ  Ή  Α  Π  Ό  Λ  Υ  Τ  Η  Κ
Ε  Λ  Κ  Υ  Σ  Τ  Ι  Κ  Ό  Η  Ί  Ψ  Ω  Ή
```

ΑΠΌΛΥΤΗ	ΣΗΜΑΝΤΙΚΌ
ΕΝΕΡΓΉ	ΑΘΏΟΣ
ΦΙΛΌΔΟΞΟ	ΜΑΚΡΎ
ΑΡΩΜΑΤΙΚΌ	ΑΡΓΉ
ΚΑΛΛΙΤΕΧΝΙΚΉ	ΜΟΝΤΈΡΝΟ
ΕΛΚΥΣΤΙΚΌ	ΣΚΟΎΡΟ
ΦΩΤΕΙΝΌ	ΤΈΛΕΙΟ
ΤΕΡΆΣΤΙΟ	ΒΑΡΙΆ
ΕΞΩΤΙΚΌ	ΣΟΒΑΡΉ
ΓΕΝΝΑΙΌΔΩΡΗ	

30 - Familia

```
Γ  Υ  Ν  Α  Ί  Κ  Α  Γ  Α  Λ  Μ  Ω  Κ  Ε
Π  Α  Π  Π  Ο  Ύ  Σ  Σ  Ι  Δ  Β  Σ  Ό  Τ
Π  Ν  Π  Α  Ε  Ί  Ο  Σ  Ι  Α  Ε  Π  Ρ  Ί
Α  Ι  Α  Ν  Η  Γ  Λ  Τ  Σ  Η  Γ  Λ  Η  Χ
Τ  Ψ  Τ  Ι  Π  Υ  Γ  Μ  Χ  Ω  Δ  Ι  Φ  Π
Ρ  Ι  Έ  Ψ  Ι  Π  Έ  Ό  Π  Μ  Ί  Σ  Ά  Ή
Ι  Ά  Ρ  Ι  Δ  Β  Ί  Σ  Ν  Ρ  Δ  Θ  Α  Π
Κ  Ί  Α  Ό  Ξ  Ξ  Έ  Ύ  Ρ  Ι  Υ  Ε  Δ  Ρ
Ή  Μ  Σ  Σ  Λ  Ί  Ψ  Ζ  Ο  Ψ  Μ  Ί  Ε  Ό
Μ  Η  Τ  Ρ  Ι  Κ  Ή  Υ  Ω  Ί  Α  Α  Λ  Γ
Ξ  Τ  Π  Α  Ι  Δ  Ί  Γ  Ε  Ο  Σ  Η  Φ  Ο
Ί  Έ  Θ  Ε  Ί  Ο  Σ  Ο  Ρ  Ρ  Δ  Ι  Ο  Ν
Β  Ρ  Υ  Η  Υ  Μ  Ι  Σ  Η  Ω  Ι  Έ  Σ  Ο
Ξ  Α  Δ  Έ  Ρ  Φ  Η  Ω  Σ  Σ  Ι  Η  Ν  Σ
```

ΓΙΑΓΙΆ	ΜΗΤΡΙΚΉ
ΠΑΠΠΟΎΣ	ΕΓΓΌΝΙ
ΠΡΌΓΟΝΟΣ	ΠΑΙΔΊ
ΓΥΝΑΊΚΑ	ΠΑΤΈΡΑΣ
ΔΊΔΥΜΑ	ΠΑΤΡΙΚΉ
ΑΔΕΛΦΉ	ΞΑΔΈΡΦΗ
ΑΔΕΛΦΟΣ	ΑΝΙΨΙΆ
ΚΌΡΗ	ΑΝΙΨΙΌΣ
ΜΗΤΈΡΑ	ΘΕΊΑ
ΣΎΖΥΓΟΣ	ΘΕΊΟΣ

31 - Disciplinas Científicas

```
Γ  Ψ  Α  Ζ  Λ  Ε  Σ  Έ  Μ  Χ  Φ  Γ  Α  Μ
Ε  Α  Ο  Ω  Ξ  Ν  Π  Λ  Η  Η  Υ  Ο  Ν  Ε
Ω  Β  Δ  Ο  Ι  Τ  Γ  Ί  Χ  Μ  Σ  Ρ  Ο  Τ
Λ  Ι  Ο  Λ  Γ  Υ  Π  Έ  Α  Ε  Ι  Υ  Σ  Ε
Ο  Ο  Β  Ο  Λ  Δ  Ψ  Ω  Ν  Ί  Ο  Κ  Ο  Ω
Γ  Χ  Ο  Γ  Ω  Ι  Σ  Σ  Ι  Α  Λ  Τ  Λ  Ρ
Ί  Η  Ί  Ί  Σ  Ι  Ί  Ν  Κ  Α  Ο  Ο  Ο  Ο
Α  Μ  Ί  Α  Σ  Δ  Υ  Η  Ή  Ν  Γ  Λ  Γ  Λ
Ν  Ε  Υ  Ρ  Ο  Λ  Ο  Γ  Ί  Α  Ί  Ο  Ί  Ο
Χ  Ί  Έ  Π  Λ  Δ  Ι  Η  Ω  Τ  Α  Γ  Α  Γ
Λ  Α  Ν  Ψ  Ο  Β  Ι  Ο  Λ  Ο  Γ  Ί  Α  Ί
Γ  Υ  Ξ  Μ  Γ  Ε  Σ  Σ  Λ  Μ  Ε  Α  Έ  Α
Ψ  Σ  Η  Σ  Ί  Ξ  Γ  Τ  Σ  Ί  Χ  Ν  Μ  Ι
Π  Β  Ο  Τ  Α  Ν  Ι  Κ  Ή  Α  Τ  Δ  Ψ  Ν
```

ΑΝΑΤΟΜΊΑ	ΓΛΩΣΣΟΛΟΓΊΑ
ΒΙΟΛΟΓΊΑ	ΜΗΧΑΝΙΚΉ
ΒΙΟΧΗΜΕΊΑ	ΜΕΤΕΩΡΟΛΟΓΊΑ
ΒΟΤΑΝΙΚΉ	ΟΡΥΚΤΟΛΟΓΊΑ
ΦΥΣΙΟΛΟΓΊΑ	ΝΕΥΡΟΛΟΓΊΑ
ΓΕΩΛΟΓΊΑ	ΧΗΜΕΊΑ
ΑΝΟΣΟΛΟΓΊΑ	ΖΩΟΛΟΓΊΑ

32 - Gatos

Π	Ρ	Ο	Σ	Ω	Π	Ι	Κ	Ό	Τ	Η	Τ	Α	Ε
Δ	Ω	Γ	Υ	Γ	Υ	Ψ	Π	Α	Σ	Ν	Δ	Ο	Χ
Σ	Έ	Υ	Κ	Ο	Ι	Μ	Ά	Μ	Α	Ι	Ά	Λ	Γ
Ν	Ύ	Χ	Ι	Ύ	Π	Ε	Ρ	Ί	Ε	Ρ	Γ	Ο	Σ
Τ	Ή	Ω	Ί	Ν	Ρ	Ό	Ί	Ί	Χ	Ι	Ρ	Γ	Α
Ρ	Ω	Μ	Ρ	Α	Τ	Λ	Δ	Π	Ο	Έ	Ι	Μ	Γ
Ο	Έ	Π	Α	Σ	Χ	Λ	Ε	Ι	Ω	Ξ	Ο	Έ	Ξ
Π	Α	Ι	Χ	Ν	Ι	Δ	Ι	Ά	Ρ	Ι	Κ	Ο	Κ
Α	Ο	Τ	Ρ	Ε	Λ	Ό	Τ	Σ	Υ	Η	Π	Η	Υ
Λ	Α	Ν	Ε	Ξ	Ά	Ρ	Τ	Η	Τ	Η	Λ	Ο	Ν
Ό	Ν	Ι	Τ	Η	Έ	Γ	Ι	Ο	Ν	Δ	Ω	Β	Η
Σ	Χ	Δ	Υ	Ί	Ο	Υ	Ρ	Ά	Έ	Μ	Ξ	Ε	Γ
Ι	Μ	Υ	Ε	Ί	Κ	Υ	Α	Σ	Τ	Ε	Ί	Ο	Ό
Υ	Π	Ι	Ξ	Τ	Έ	Ι	Υ	Ο	Ε	Δ	Ν	Δ	Σ

ΚΥΝΗΓΌΣ   ΠΑΙΧΝΙΔΙΆΡΙΚΟ
ΟΥΡΆ   ΤΡΕΛΌ,
ΠΕΡΊΕΡΓΟΣ   ΠΌΔΙ
ΚΟΙΜΆΜΑΙ   ΠΡΟΣΩΠΙΚΌΤΗΤΑ
ΝΎΧΙ   ΓΟΎΝΑ
ΑΣΤΕΊΟ   ΠΟΝΤΊΚΙ
ΝΉΜΑ   ΆΓΡΙΟ
ΑΝΕΞΆΡΤΗΤΗ   ΝΤΡΟΠΑΛΌΣ

33 - Cocina

```
Ο  Ε  Ξ  Δ  Ι  Σ  Ν  Ψ  Κ  Δ  Λ  Ω  Έ  Ξ
Κ  Π  Ν  Υ  Ξ  Μ  Π  Α  Χ  Α  Ρ  Ι  Κ  Ό
Μ  Ο  Η  Π  Λ  Ε  Φ  Ο  Ύ  Ρ  Ν  Ο  Σ  Λ
Π  Δ  Υ  Έ  Ν  Ά  Υ  Δ  Μ  Έ  Υ  Ά  Υ  Β
Ο  Ι  Γ  Τ  Η  Σ  Κ  Ο  Μ  Ε  Τ  Ι  Τ  Ρ
Λ  Ά  Υ  Ί  Ά  Β  Υ  Ι  Ο  Δ  Ξ  Ί  Ρ  Α
Κ  Ο  Υ  Τ  Ά  Λ  Ι  Α  Α  Ί  Ο  Ο  Ο  Σ
Ψ  Υ  Γ  Ε  Ί  Ο  Α  Η  Ο  Ί  Ι  Η  Φ  Τ
Σ  Φ  Ο  Υ  Γ  Γ  Ά  Ρ  Ι  Π  Υ  Δ  Ή  Ή
Χ  Χ  Α  Ρ  Τ  Ο  Π  Ε  Τ  Σ  Έ  Τ  Α  Ρ
Ά  Η  Υ  Β  Σ  Υ  Ν  Τ  Α  Γ  Ή  Σ  Τ  Α
Ρ  Κ  Ύ  Π  Ε  Λ  Λ  Α  Γ  Μ  Ω  Γ  Λ  Σ
Α  Ι  Ο  Μ  Ί  Α  Μ  Α  Χ  Α  Ί  Ρ  Ι  Α
Π  Ι  Ρ  Ο  Ύ  Ν  Ι  Α  Σ  Ε  Υ  Ψ  Ι  Υ
```

ΒΡΑΣΤΉΡΑΣ	ΚΑΝΆΤΑ
ΤΡΟΦΉ	ΞΥΛΆΚΙΑ
ΚΟΥΤΆΛΙΑ	ΣΧΆΡΑ
ΚΟΥΤΆΛΑ	ΣΥΝΤΑΓΉ
ΜΑΧΑΊΡΙΑ	ΨΥΓΕΊΟ
ΠΟΔΙΆ	ΧΑΡΤΟΠΕΤΣΈΤΑ
ΜΠΑΧΑΡΙΚΌ	ΚΎΠΕΛΛΑ
ΣΦΟΥΓΓΆΡΙ	ΜΠΟΛ
ΦΟΎΡΝΟΣ	ΠΙΡΟΎΝΙΑ

34 - Escuela #1

Έ	Ν	Τ	Ψ	Ψ	Υ	Β	Γ	Ε	Ύ	Μ	Α	Σ	Ρ
Α	Δ	Ά	Υ	Έ	Γ	Ι	Α	Α	Α	Α	Ε	Ψ	Α
Φ	Ά	Ξ	Α	Η	Ρ	Β	Ε	Π	Ρ	Θ	Ο	Χ	Ψ
Α	Σ	Η	Α	Χ	Α	Λ	Φ	Ά	Β	Η	Τ	Ο	Α
Κ	Κ	Μ	Μ	Α	Φ	Ι	Ί	Ν	Ι	Μ	Ι	Κ	Ρ
Ε	Α	Ο	Ν	Ρ	Ε	Ο	Λ	Τ	Β	Α	Ε	Α	Ι
Λ	Λ	Λ	Υ	Τ	Ί	Θ	Ο	Η	Λ	Τ	Ξ	Ρ	Θ
Ο	Ο	Ύ	Χ	Ί	Ο	Ή	Ι	Σ	Ι	Ι	Ε	Έ	Μ
Ι	Σ	Β	Μ	Ω	Ζ	Κ	Γ	Η	Α	Κ	Τ	Κ	Ο
Λ	Ω	Ι	Α	Ε	Ρ	Η	Ν	Σ	Ρ	Ά	Ά	Λ	Ί
Δ	Ι	Α	Σ	Κ	Έ	Δ	Α	Σ	Η	Ε	Σ	Α	Έ
Σ	Τ	Υ	Λ	Ό	Ρ	Π	Ξ	Α	Ι	Υ	Ε	Ν	Β
Σ	Δ	Ω	Λ	Ξ	Α	Ν	Ρ	Μ	Ν	Ν	Ι	Π	Γ
Ί	Α	Ι	Ξ	Σ	Δ	Ω	Ί	Χ	Ξ	Σ	Σ	Δ	Τ

ΑΛΦΆΒΗΤΟ	ΜΟΛΎΒΙ
ΓΕΎΜΑ	ΒΙΒΛΙΑ
ΦΊΛΟΙ	ΜΑΘΗΜΑΤΙΚΆ
ΤΆΞΗ	ΑΡΙΘΜΟΊ
ΒΙΒΛΙΟΘΉΚΗ	ΧΑΡΤΊ
ΦΑΚΕΛΟΙ	ΣΤΥΛΌ
ΔΙΑΣΚΈΔΑΣΗ	ΔΆΣΚΑΛΟΣ
ΓΡΑΦΕΊΟ	ΑΠΆΝΤΗΣΗ
ΚΟΥΊΖ	ΚΑΡΈΚΛΑ
ΕΞΕΤΆΣΕΙΣ	

35 - Adjetivos #2

```
Κ  Ο  Υ  Ρ  Α  Σ  Μ  Έ  Ν  Ο  Σ  Δ  Π  Ρ
Δ  Ο  Δ  Β  Δ  Υ  Κ  Α  Ν  Ο  Ν  Ι  Κ  Ή
Ρ  Ε  Μ  Γ  Δ  Π  Ι  Κ  Ά  Ν  Τ  Ι  Κ  Ο
Α  Μ  Έ  Ψ  Λ  Ε  Ο  Η  Φ  Ρ  Έ  Σ  Κ  Ο
Μ  Ν  Έ  Α  Ό  Ρ  Ί  Μ  Γ  Υ  Υ  Γ  Ι  Ή
Α  Υ  Χ  Β  Ψ  Ι  Ε  Έ  Δ  Δ  Σ  Λ  Δ  Β
Τ  Π  Α  Ρ  Α  Γ  Ω  Γ  Ι  Κ  Ή  Ι  Ο  Β
Ι  Ε  Α  Ώ  Ξ  Ρ  Υ  Ί  Ά  Ν  Ι  Ι  Κ  Σ
Κ  Ύ  Λ  Σ  Η  Α  Π  Α  Σ  Ρ  Έ  Ν  Ρ  Ή
Ή  Θ  Μ  Ι  Ρ  Φ  Ε  Λ  Η  Ω  Υ  Ί  Υ  Η
Τ  Υ  Υ  Μ  Ό  Ι  Ρ  Ν  Μ  Υ  Η  Υ  Ο  Τ
Α  Ν  Ρ  Α  Χ  Κ  Ο  Έ  Η  Λ  Τ  Μ  Σ  Δ
Ω  Ο  Ή  Ν  Τ  Ό  Χ  Υ  Δ  Ψ  Δ  Ί  Υ  Β
Ι  Σ  Χ  Υ  Ρ  Ή  Η  Ν  Ι  Ι  Β  Ί  Ξ  Έ
```

ΚΟΥΡΑΣΜΈΝΟΣ
ΒΡΏΣΙΜΑ
ΠΕΡΙΓΡΑΦΙΚΌ
ΔΡΑΜΑΤΙΚΉ
ΚΟΜΨΌ
ΔΙΆΣΗΜΗ
ΦΡΈΣΚΟ
ΙΣΧΥΡΉ
ΦΥΣΙΚΉ

ΚΑΝΟΝΙΚΉ
ΝΈΑ
ΥΠΕΡΟΧΗ
ΠΙΚΆΝΤΙΚΟ
ΠΑΡΑΓΩΓΙΚΉ
ΥΠΕΎΘΥΝΟΣ
ΑΛΜΥΡΉ
ΥΓΙΉ
ΞΗΡΌ

36 - Cuerpo Humano

```
Π  Σ  Λ  Δ  Ι  Ί  Ρ  Ν  Χ  Ξ  Η  Μ  Π  Α
Γ  Η  Ο  Έ  Ι  Η  Ψ  Γ  Λ  Έ  Η  Λ  Ρ  Σ
Ω  Π  Γ  Λ  Ώ  Σ  Σ  Α  Ι  Ρ  Ι  Ό  Τ
Ν  Ό  Γ  Ο  Α  Υ  Τ  Ί  Ώ  Ι  Ξ  Ι  Σ  Ρ
Λ  Δ  Ε  Π  Ύ  Έ  Λ  Μ  Μ  Ε  Η  Α  Ω  Ά
Β  Ι  Σ  Υ  Ρ  Ν  Α  Α  Ο  Π  Γ  Γ  Π  Γ
Σ  Ι  Κ  Α  Ρ  Δ  Ι  Ά  Σ  Ψ  Ό  Κ  Ο  Α
Μ  Ά  Τ  Ι  Η  Ι  Μ  Ύ  Τ  Η  Ν  Ώ  Χ  Λ
Υ  Λ  Δ  Ψ  Δ  Χ  Ό  Ο  Ω  Έ  Α  Ν  Υ  Ο
Α  Ί  Ξ  Έ  Ο  Έ  Σ  Ψ  Έ  Η  Τ  Α  Π  Σ
Λ  Γ  Ρ  Ί  Ξ  Ο  Ρ  Α  Ο  Ί  Ο  Ρ  Ξ  Ν
Ό  Γ  Σ  Τ  Ό  Μ  Α  Μ  Κ  Ε  Φ  Ά  Λ  Ι
Δ  Ά  Χ  Τ  Υ  Λ  Ο  Ρ  Α  Ο  Η  Ρ  Ω  Ο
Β  Γ  Ξ  Ι  Ι  Β  Β  Ρ  Έ  Ι  Ί  Β  Ρ  Τ
```

ΠΗΓΟΎΝΙ
ΣΤΟΜΑ
ΚΕΦΆΛΙ
ΠΡΌΣΩΠΟ
ΜΥΑΛΌ
ΑΓΚΏΝΑ
ΚΑΡΔΙΆ
ΛΑΙΜΌΣ
ΔΆΧΤΥΛΟ
ΏΜΟΣ

ΓΛΏΣΣΑ
ΧΈΡΙ
ΜΎΤΗ
ΜΆΤΙ
ΑΥΤΊ
ΔΈΡΜΑ
ΠΌΔΙ
ΓΌΝΑΤΟ
ΑΊΜΑ
ΑΣΤΡΆΓΑΛΟΣ

37 - Ciencia

Γ	Α	Π	Ο	Λ	Ί	Θ	Ω	Μ	Α	Α	Σ	Α	Έ
Δ	Ε	Δ	Ο	Μ	Έ	Ν	Α	Χ	Η	Μ	Ι	Κ	Ή
Π	Μ	Γ	Ο	Ο	Ρ	Γ	Α	Ν	Ι	Σ	Μ	Ό	Σ
Υ	Ρ	Ν	Ο	Ι	Β	Ι	Φ	Β	Έ	Ω	Μ	Ε	Ε
Π	Φ	Γ	Δ	Ν	Η	Φ	Υ	Ν	Ρ	Μ	Έ	Ρ	Π
Ό	Ε	Υ	Γ	Έ	Ό	Ύ	Τ	Υ	Η	Α	Θ	Γ	Ι
Θ	Ι	Ί	Σ	Ο	Ψ	Σ	Ά	Ι	Α	Τ	Ο	Α	Σ
Ε	Μ	Ό	Ρ	Ι	Α	Η	Δ	Ί	Ρ	Ί	Δ	Σ	Τ
Σ	Ί	Τ	Έ	Α	Κ	Λ	Ί	Μ	Α	Δ	Ο	Τ	Ή
Η	Δ	Ι	Δ	Α	Μ	Ή	Ι	Η	Μ	Ι	Σ	Ή	Μ
Α	Β	Έ	Β	Υ	Ί	Α	Α	Β	Τ	Α	Ε	Ρ	Ο
Β	Α	Ρ	Ύ	Τ	Η	Τ	Α	Ν	Ί	Ν	Μ	Ι	Ν
Ο	Ρ	Υ	Κ	Τ	Ά	Τ	Ο	Μ	Ο	Ι	Λ	Ο	Α
Έ	Τ	Ο	Ε	Ξ	Έ	Λ	Ι	Ξ	Η	Δ	Ε	Ρ	Σ

ΆΤΟΜΟ
ΕΠΙΣΤΉΜΟΝΑΣ
ΚΛΊΜΑ
ΔΕΔΟΜΈΝΑ
ΕΞΈΛΙΞΗ
ΠΕΊΡΑΜΑ
ΦΥΣΙΚΉ
ΑΠΟΛΊΘΩΜΑ
ΒΑΡΎΤΗΤΑ
ΓΕΓΟΝΌΣ

ΥΠΌΘΕΣΗ
ΕΡΓΑΣΤΉΡΙΟ
ΜΈΘΟΔΟΣ
ΟΡΥΚΤΆ
ΜΌΡΙΑ
ΦΎΣΗ
ΟΡΓΑΝΙΣΜΌΣ
ΣΩΜΑΤΊΔΙΑ
ΦΥΤΆ
ΧΗΜΙΚΉ

38 - Dinosaurios

Μ	Σ	Α	Ρ	Κ	Ο	Φ	Ά	Γ	Ο	Γ	Α	Θ	Α
Π	Α	Ρ	Π	Α	Κ	Τ	Ι	Κ	Ό	Η	Ο	Ή	Π
Ε	Α	Μ	Ψ	Β	Δ	Π	Έ	Η	Α	Ρ	Υ	Ρ	Ο
Ε	Π	Μ	Ο	Μ	Έ	Γ	Ε	Θ	Ο	Σ	Ρ	Α	Λ
Ξ	Ξ	Τ	Φ	Ύ	Ω	Ι	Ν	Λ	Δ	Υ	Ά	Μ	Ι
Έ	Τ	Α	Χ	Ά	Θ	Υ	Ξ	Ρ	Ι	Χ	Α	Α	Θ
Λ	Ε	Ρ	Φ	Π	Γ	Π	Ο	Γ	Β	Γ	Ω	Έ	Ώ
Ι	Ρ	Τ	Τ	Ά	Μ	Α	Ν	Ε	Ε	Ψ	Ξ	Δ	Μ
Ξ	Ά	Γ	Ε	Μ	Ν	Ε	Ρ	Π	Ε	Τ	Ό	Χ	Α
Η	Σ	Τ	Ρ	Χ	Ε	Ι	Σ	Χ	Υ	Ρ	Ό	Ε	Τ
Ν	Τ	Ί	Ά	Μ	Ω	Έ	Σ	Σ	Ρ	Δ	Η	Ί	Α
Α	Ι	Γ	Ω	Ω	Ν	Ο	Ο	Η	Γ	Λ	Τ	Δ	Σ
Ρ	Ο	Ρ	Γ	Φ	Υ	Τ	Ο	Φ	Ά	Γ	Α	Ο	Γ
Π	Ρ	Ο	Ϊ	Σ	Τ	Ο	Ρ	Ι	Κ	Ή	Η	Σ	Ξ

ΦΤΕΡΆ   ΜΑΜΟΎΘ
ΣΑΡΚΟΦΆΓΟ   ΠΑΜΦΆΓΑ
ΟΥΡΆ   ΙΣΧΥΡΌ
ΕΞΑΦΆΝΙΣΗ   ΠΡΟΪΣΤΟΡΙΚΉ
ΤΕΡΆΣΤΙΟ   ΘΉΡΑΜΑ
ΕΊΔΟΣ   ΑΡΠΑΚΤΙΚΌ
ΕΞΈΛΙΞΗ   ΕΡΠΕΤΌ
ΑΠΟΛΙΘΏΜΑΤΑ   ΜΈΓΕΘΟΣ
ΦΥΤΟΦΆΓΑ   ΓΗ

39 - Restaurante #2

```
Ι  Ψ  Ν  Β  Σ  Η  Ο  Ι  Ν  Ο  Ψ  Α  Γ  Π
Ί  Σ  Ό  Ι  Α  Υ  Γ  Α  Ν  Ρ  Ε  Ί  Έ  Μ
Ψ  Έ  Σ  Ο  Λ  Γ  Έ  Λ  Γ  Ε  Ύ  Μ  Α  Π
Π  Ι  Τ  Ο  Ά  Α  Α  Ά  Ε  Κ  Ε  Τ  Ο  Α
Ω  Ο  Ι  Υ  Τ  Δ  Ί  Τ  Υ  Τ  Α  Ψ  Τ  Χ
Δ  Ν  Μ  Δ  Α  Λ  Η  Ι  Β  Ι  Υ  Ε  Χ  Α
Ρ  Ε  Ο  Φ  Ρ  Ό  Τ  Ο  Κ  Ε  Υ  Σ  Ρ
Χ  Υ  Ί  Σ  Ε  Ρ  Β  Ι  Τ  Ό  Ρ  Ο  Σ  Ι
Έ  Ξ  Τ  Π  Ι  Ρ  Ο  Ύ  Ν  Ι  Π  Ξ  Ω  Κ
Ψ  Ά  Ρ  Ι  Ν  Τ  Μ  Η  Β  Ι  Ν  Ο  Ψ  Ό
Ψ  Β  Γ  Ν  Κ  Ο  Υ  Τ  Ά  Λ  Ι  Ε  Τ  Έ
Κ  Έ  Ι  Κ  Α  Ρ  Έ  Κ  Λ  Α  Ξ  Ψ  Ρ  Ό
Ω  Ο  Τ  Ν  Ξ  Α  Σ  Ο  Ύ  Π  Α  Ψ  Υ  Ό
Β  Ν  Ν  Δ  Π  Γ  Π  Ά  Γ  Ο  Σ  Μ  Υ  Ω
```

NEPΌ
ΓΕΎΜΑ
OPEKTIKΌ
ΠΟΤΌ
ΣΕΡΒΙΤΌΡΟΣ
ΔΕΊΠΝΟ
ΚΟΥΤΆΛΙ
ΝΌΣΤΙΜΟ
ΣΑΛΆΤΑ
ΜΠΑΧΑΡΙΚΌ

ΦΡΟΎΤΟ
ΠΆΓΟΣ
ΑΥΓΑ
ΚΈΙΚ
ΨΆΡΙ
ΑΛΆΤΙ
ΚΑΡΈΚΛΑ
ΣΟΎΠΑ
ΠΙΡΟΎΝΙ

40 - Profesiones #1

```
Ε  Τ  Π  Ι  Α  Ν  Ί  Σ  Τ  Α  Σ  Υ  Υ  Μ
Π  Π  Ρ  Ω  Ρ  Ί  Γ  Έ  Ν  Α  Ψ  Ω  Δ  Ο
Ι  Υ  Ε  Α  Θ  Λ  Η  Τ  Ή  Σ  Υ  Π  Ρ  Υ
Σ  Ρ  Α  Ξ  Π  Ω  Β  Γ  Λ  Ξ  Χ  Ρ  Α  Σ
Τ  Ο  Κ  Σ  Ε  Ε  Ι  Ξ  Α  Γ  Ο  Έ  Υ  Ι
Ή  Σ  Υ  Ο  Τ  Ρ  Ζ  Ε  Σ  Μ  Λ  Σ  Λ  Κ
Μ  Β  Ν  Ω  Χ  Ρ  Γ  Ί  Χ  Τ  Ό  Β  Ι  Ό
Ο  Έ  Η  Λ  Η  Υ  Ο  Α  Τ  Ω  Γ  Η  Κ  Σ
Ν  Σ  Γ  Ω  Ψ  Ν  Χ  Ν  Σ  Η  Ο  Σ  Ό  Ι
Α  Τ  Ό  Ψ  Ί  Η  Α  Ν  Ό  Ί  Σ  Έ  Σ  Σ
Σ  Η  Σ  Ν  Ο  Σ  Ο  Κ  Ό  Μ  Α  Ψ  Η  Ξ
Λ  Σ  Δ  Ι  Δ  Ά  Κ  Τ  Ω  Ρ  Ο  Π  Ξ  Ω
Π  Ρ  Ο  Π  Ο  Ν  Η  Τ  Ή  Σ  Σ  Σ  Ι  Ω
Τ  Χ  Γ  Ε  Ω  Λ  Ό  Γ  Ο  Σ  Α  Ν  Ω  Ν
```

ΑΣΤΡΟΝΌΜΟΣ	ΠΡΈΣΒΗΣ
ΑΘΛΗΤΉΣ	ΝΟΣΟΚΌΜΑ
ΤΡΑΠΕΖΊΤΗΣ	ΠΡΟΠΟΝΗΤΉΣ
ΠΥΡΟΣΒΈΣΤΗΣ	ΥΔΡΑΥΛΙΚΌΣ
ΚΥΝΗΓΌΣ	ΓΕΩΛΌΓΟΣ
ΕΠΙΣΤΉΜΟΝΑΣ	ΜΟΥΣΙΚΌΣ
ΔΙΔΆΚΤΩΡ	ΠΙΑΝΊΣΤΑΣ
ΕΠΕΞΕΡΓΑΣΊΑ	ΨΥΧΟΛΌΓΟΣ

41 - Vehículos

```
Φ  Ρ  Μ  Ω  Ν  Μ  Ε  Τ  Ρ  Ό  Μ  Έ  Υ  Α
Ε  Ο  Λ  Ε  Ω  Φ  Ο  Ρ  Ε  Ί  Ο  Ξ  Π  Σ
Δ  Ε  Ρ  Μ  Α  Ε  Ρ  Ο  Π  Λ  Ά  Ν  Ο  Θ
Ψ  Δ  Ο  Τ  Γ  Υ  Σ  Χ  Ε  Δ  Ί  Α  Β  Ε
Ω  Π  Υ  Α  Η  Ω  Λ  Ό  Ξ  Ν  Α  Π  Ρ  Ν
Ι  Ξ  Κ  Ξ  Ρ  Γ  Ί  Σ  Ε  Π  Υ  Ο  Ύ  Ο
Τ  Π  Έ  Ί  Ο  Ι  Ό  Π  Ψ  Ο  Τ  Ρ  Χ  Φ
Ο  Ρ  Τ  Ο  Α  Η  Ω  Ι  Ι  Δ  Ο  Θ  Ι  Ό
Ί  Β  Α  Ν  Σ  Ί  Ξ  Τ  Μ  Ή  Κ  Μ  Ο  Ρ
Π  Ψ  Έ  Κ  Ω  Έ  Ε  Ο  Η  Λ  Ί  Ε  Ν  Ο
Υ  Ε  Ι  Η  Τ  Δ  Π  Ψ  Χ  Α  Ν  Ί  Β  Υ
Β  Ά  Ρ  Κ  Α  Έ  Ν  Ξ  Α  Τ  Η  Ο  Ί  Υ
Τ  Ρ  Έ  Ν  Ο  Γ  Ρ  Λ  Ν  Ο  Τ  Χ  Ι  Λ
Λ  Ά  Σ  Τ  Ι  Χ  Α  Ψ  Ή  Ο  Ο  Ψ  Ε  Γ
```

ΑΣΘΕΝΟΦΌΡΟ
ΛΕΩΦΟΡΕΊΟ
ΑΕΡΟΠΛΆΝΟ
ΣΧΕΔΊΑ
ΒΆΡΚΑ
ΠΟΔΉΛΑΤΟ
ΦΟΡΤΗΓΌ
ΤΡΟΧΌΣΠΙΤΟ
ΑΥΤΟΚΊΝΗΤΟ
ΡΟΥΚΈΤΑ

ΠΟΡΘΜΕΊΟ
ΒΑΝ
ΜΕΤΡΌ
ΜΗΧΑΝΉ
ΛΆΣΤΙΧΑ
ΥΠΟΒΡΎΧΙΟ
ΤΑΞΊ
ΤΡΑΚΤΈΡ
ΤΡΈΝΟ

42 - Vacaciones #2

```
Η Ί Υ Τ Α Π Α Ρ Α Λ Ί Α Ξ Α
Ν Η Σ Ί Δ Ρ Μ Ξ Ι Β Χ Α Ε Ε
Μ Ε Τ Α Φ Ο Ρ Ά Ε Ψ Ά Ν Ν Ρ
Σ Ω Υ Π Β Ο Υ Ν Ά Τ Ρ Α Ο Ο
Ξ Ω Α Ν Ί Ρ Ι Έ Μ Α Τ Ψ Δ Δ
Τ Π Χ Δ Ζ Ι Χ Σ Μ Ξ Η Υ Ο Ρ
Τ Α Π Ψ Α Σ Μ Ξ Έ Ν Ο Χ Χ Ό
Α Θ Ξ Κ Ά Μ Π Ι Ν Γ Κ Ή Ε Μ
Ξ Ά Ί Ί Ό Ί Π Τ Ψ Λ Γ Ί Ι
Ί Λ Τ Τ Δ Σ Κ Η Ν Ή Η Ψ Ο Ο
Έ Α Γ Ρ Υ Ι Χ Α Π Χ Β Ε Ξ Λ
Ν Σ Α Έ Δ Ι Α Β Α Τ Ή Ρ Ι Ο
Ί Σ Π Ν Ε Σ Τ Ι Α Τ Ό Ρ Ι Ο
Μ Α Η Ο Σ Η Β Μ Ν Χ Ρ Χ Ε Ε
```

ΑΕΡΟΔΡΌΜΙΟ	ΑΝΑΨΥΧΉ
ΚΆΜΠΙΝΓΚ	ΔΙΑΒΑΤΉΡΙΟ
ΣΚΗΝΉ	ΠΑΡΑΛΊΑ
ΠΡΟΟΡΙΣΜΌΣ	ΕΣΤΙΑΤΌΡΙΟ
ΞΈΝΟ	ΤΑΞΊ
ΞΕΝΟΔΟΧΕΊΟ	ΜΕΤΑΦΟΡΆ
ΝΗΣΊ	ΤΡΈΝΟ
ΧΆΡΤΗ	ΤΑΞΊΔΙ
ΘΆΛΑΣΣΑ	ΒΊΖΑ
ΒΟΥΝΆ	

43 - Cumpleaños

```
Δ  Η  Έ  Ρ  Β  Ω  Ο  Ω  Έ  Ν  Π  Δ  Σ  Ξ
Γ  Ι  Μ  Έ  Ρ  Α  Η  Χ  Π  Τ  Ί  Μ  Π  Ο
Ι  Ι  Α  Ε  Υ  Τ  Υ  Χ  Ι  Σ  Μ  Έ  Ν  Ο
Ε  Τ  Ο  Σ  Ρ  Ω  Λ  Γ  Κ  Γ  Λ  Ω  Ω  Δ
Μ  Ρ  Ω  Ρ  Κ  Ο  Χ  Ο  Έ  Β  Ο  Χ  Η  Ώ
Σ  Α  Μ  Ω  Τ  Έ  Λ  Ε  Ι  Δ  Ι  Κ  Ή  Ρ
Ο  Γ  Σ  Η  Κ  Ή  Δ  Ό  Κ  Ξ  Ρ  Ί  Υ  Ο
Φ  Ο  Η  Φ  Ε  Ί  Μ  Α  Γ  Λ  Ρ  Η  Ψ  Ψ
Ί  Ύ  Έ  Ί  Ρ  Έ  Ξ  Λ  Σ  Ι  Τ  Ώ  Ρ  Α
Α  Δ  Α  Λ  Ί  Ε  Ψ  Δ  Έ  Η  Ο  Α  Ν  Μ
Ε  Ι  Μ  Ο  Χ  Α  Ρ  Ο  Ύ  Μ  Ε  Ν  Ο  Χ
Δ  Α  Έ  Ι  Π  Ρ  Ό  Σ  Κ  Λ  Η  Σ  Η  Ψ
Σ  Α  Ί  Η  Η  Α  Η  Υ  Ε  Α  Ξ  Ρ  Η  Ξ
Κ  Ά  Ρ  Τ  Ε  Σ  Υ  Ί  Χ  Ψ  Ρ  Η  Ν  Ν
```

XAPOΎMENO   ΕΥΤΥΧΙΣΜΈΝΟ
ΦΊΛΟΙ   ΠΡΌΣΚΛΗΣΗ
ΕΤΟΣ   ΚΈΙΚ
ΗΜΕΡΟΛΌΓΙΟ   ΔΏΡΟ
ΤΡΑΓΟΎΔΙ   ΣΟΦΊΑ
ΓΙΟΡΤΉ   ΚΆΡΤΕΣ
ΔΙΑΣΚΈΔΑΣΗ   ΏΡΑ
ΜΈΡΑ   ΚΕΡΊ
ΕΙΔΙΚΉ

44 - Baile

```
Σ  Κ  Κ  Ί  Ν  Η  Σ  Η  Ε  Π  Η  Λ  Α  Ι
Ώ  Υ  Λ  Ω  Τ  Ρ  Τ  Μ  Χ  Ά  Ρ  Η  Ν  Σ
Μ  Α  Γ  Α  Έ  Υ  Ά  Β  Ξ  Ε  Υ  Ό  Υ  Τ
Α  Σ  Ω  Κ  Σ  Ο  Σ  Λ  Έ  Ε  Θ  Ξ  Β  Ξ
Α  Ψ  Υ  Σ  Ί  Ι  Η  Ρ  Ο  Κ  Μ  Ε  Π  Α
Κ  Σ  Ί  Χ  Σ  Ν  Κ  Ί  Δ  Φ  Ο  Χ  Ο  Ο
Α  Σ  Π  Α  Τ  Ξ  Η  Ή  Μ  Ρ  Ύ  Μ  Λ  Π
Δ  Π  Α  Ρ  Α  Δ  Ο  Σ  Ι  Α  Κ  Ή  Ι  Τ
Η  Δ  Ρ  Ο  Η  Ο  Ω  Ξ  Η  Σ  Α  Α  Τ  Ι
Μ  Υ  Τ  Ύ  Τ  Έ  Χ  Ν  Η  Τ  Υ  Ψ  Ι  Κ
Ί  Β  Ε  Μ  Υ  Μ  Ο  Υ  Σ  Ι  Κ  Ή  Σ  Ή
Α  Ξ  Ν  Ε  Π  Ρ  Τ  Π  Η  Κ  Π  Ξ  Μ  Η
Έ  Χ  Έ  Ν  Ξ  Α  Χ  Έ  Ξ  Ή  Λ  Ο  Ό  Δ
Χ  Ο  Ρ  Ο  Γ  Ρ  Α  Φ  Ί  Α  Τ  Χ  Σ  Ι
```

ΑΚΑΔΗΜΊΑ	ΕΚΦΡΑΣΤΙΚΉ
ΧΑΡΟΎΜΕΝΟ	ΧΆΡΗ
ΤΈΧΝΗ	ΚΊΝΗΣΗ
ΚΛΑΣΙΚΉ	ΜΟΥΣΙΚΉ
ΧΟΡΟΓΡΑΦΊΑ	ΣΤΆΣΗ
ΣΏΜΑ	ΡΥΘΜΟΎ
ΠΟΛΙΤΙΣΜΌΣ	ΠΑΡΤΕΝΈΡ
ΣΥΓΚΊΝΗΣΗ	ΠΑΡΑΔΟΣΙΑΚΉ
ΠΡΌΒΑ	ΟΠΤΙΚΉ

45 - Matemáticas

```
Γ  Κ  Ά  Θ  Ε  Τ  Ο  Σ  Έ  Δ  Χ  Ε  Α  Π
Π  Λ  Ί  Ρ  Β  Ρ  Π  Χ  Η  Δ  Ξ  Κ  Έ  Ε
Α  Ά  Ι  Ξ  Σ  Ι  Δ  Ο  Χ  Δ  Α  Θ  Μ  Ρ
Ρ  Σ  Έ  Ο  Ω  Γ  Γ  Ε  Λ  Ν  Β  Έ  Χ  Ί
Ά  Μ  Μ  Υ  Ρ  Ώ  Υ  Ω  Κ  Ύ  Ε  Τ  Π  Μ
Λ  Α  Ε  Λ  Λ  Ν  Δ  Π  Ν  Α  Γ  Η  Ε  Ε
Λ  Η  Σ  Ο  Χ  Ο  Μ  Λ  Δ  Ί  Δ  Ω  Σ  Τ
Η  Λ  Ρ  Υ  Δ  Υ  Υ  Έ  Χ  Ε  Α  Ι  Ν  Ρ
Λ  Γ  Ε  Ω  Μ  Ε  Τ  Ρ  Ί  Α  Ω  Λ  Κ  Ο
Η  Π  Λ  Α  Τ  Ε  Ί  Α  Έ  Ο  Α  Ν  Μ  Ό
Σ  Φ  Α  Ί  Ρ  Α  Η  Ε  Α  Κ  Τ  Ί  Ν  Α
Λ  Ί  Χ  Ν  Ε  Ξ  Ί  Σ  Ω  Σ  Η  Ω  Π  Ξ
Υ  Α  Ρ  Ι  Θ  Μ  Η  Τ  Ι  Κ  Ή  Σ  Υ  Ω
Σ  Υ  Μ  Μ  Ε  Τ  Ρ  Ί  Α  Ί  Σ  Η  Α  Ν
```

ΑΡΙΘΜΗΤΙΚΉ   ΓΕΩΜΕΤΡΊΑ
ΓΩΝΊΑ   ΠΑΡΆΛΛΗΛΗ
ΠΛΑΤΕΊΑ   ΠΕΡΊΜΕΤΡΟ
ΔΕΚΑΔΙΚΌ   ΚΆΘΕΤΟΣ
ΕΞΊΣΩΣΗ   ΠΟΛΎΓΩΝΟ
ΣΦΑΊΡΑ   ΑΚΤΊΝΑ
ΕΚΘΈΤΗ   ΣΥΜΜΕΤΡΊΑ
ΚΛΆΣΜΑ   ΤΡΙΓΏΝΟΥ

46 - Restaurante #1

```
Π Π Ν Ο Β Ψ Ι Υ Τ Π Π Ο Ί Μ
Λ Τ Ι Ω Ω Ω Σ Ρ Έ Ξ Ε Π Κ Α
Ά Ρ Ι Κ Μ Μ Ε Ν Ο Ύ Ε Ε Ρ Χ
Κ Ο Ν Ρ Ά Ί Ξ Χ Ε Τ Ω Μ Έ Α
Α Φ Ξ Ψ Ε Ν Κ Ο Υ Ζ Ί Ν Α Ί
Τ Ή Ε Σ Ά Λ Τ Σ Α Λ Σ Έ Σ Ρ
Ε Π Ι Δ Ό Ρ Π Ι Ο Ψ Γ Κ Ε Ι
Α Λ Λ Ε Ρ Γ Ί Α Κ Δ Ι Α Ρ Κ
Έ Κ Ο Τ Ό Π Ο Υ Λ Ο Υ Φ Β Ρ
Μ Έ Ρ Ξ Η Ρ Α Υ Υ Ψ Π Έ Ι Ά
Π Χ Σ Υ Σ Τ Α Τ Ι Κ Ά Ξ Τ Τ
Ο Σ Γ Μ Α Χ Τ Π Ι Ψ Η Γ Ό Η
Λ Ε Β Ξ Ψ Χ Χ Έ Ι Τ Χ Χ Ρ Σ
Η Χ Α Ρ Τ Ο Π Ε Τ Σ Έ Τ Α Η
```

ΑΛΛΕΡΓΊΑ	ΨΩΜΊ
ΚΑΦΈ	ΠΙΚΆΝΤΙΚΟ
ΣΕΡΒΙΤΌΡΑ	ΠΛΆΚΑ
ΚΡΈΑΣ	ΚΟΤΌΠΟΥΛΟ
ΚΟΥΖΊΝΑ	ΕΠΙΔΌΡΠΙΟ
ΤΡΟΦΉ	ΚΡΆΤΗΣΗ
ΜΑΧΑΊΡΙ	ΣΆΛΤΣΑ
ΣΥΣΤΑΤΙΚΆ	ΧΑΡΤΟΠΕΤΣΈΤΑ
ΜΕΝΟΎ	ΜΠΟΛ

47 - Profesiones #2

```
Δ  Λ  Ι  Α  Τ  Ρ  Ο  Σ  Τ  Ι  Ψ  Ν  Ι  Φ
Υ  Ί  Γ  Ζ  Ν  Τ  Ε  Τ  Έ  Κ  Τ  Ι  Β  Ι
Ρ  Π  Υ  Φ  Ω  Τ  Ο  Γ  Ρ  Ά  Φ  Ο  Σ  Λ
Β  Ι  Ο  Λ  Ό  Γ  Ο  Σ  Ί  Ξ  Ο  Τ  Β  Ό
Β  Λ  Ε  Φ  Ε  Υ  Ρ  Έ  Τ  Η  Σ  Λ  Λ  Σ
Γ  Ο  Έ  Ί  Σ  Ο  Ι  Ά  Ι  Χ  Ψ  Ο  Μ  Ο
Υ  Τ  Α  Μ  Ι  Λ  Λ  Υ  Φ  Β  Ξ  Η  Ε  Φ
Γ  Ι  Ί  Π  Μ  Γ  Α  Γ  Ρ  Ο  Τ  Η  Σ  Ο
Ι  Κ  Η  Π  Ο  Υ  Ρ  Ό  Σ  Σ  Σ  Ρ  Ψ  Σ
Ο  Ή  Α  Σ  Τ  Ρ  Ο  Ν  Α  Ύ  Τ  Η  Σ  Χ
Σ  Υ  Σ  Σ  Ρ  Μ  Η  Χ  Α  Ν  Ι  Κ  Ό  Σ
Ε  Ρ  Ε  Υ  Ν  Η  Τ  Ή  Σ  Χ  Ν  Α  Ο  Ρ
Δ  Η  Μ  Ο  Σ  Ι  Ο  Γ  Ρ  Ά  Φ  Ο  Σ  Ρ
Σ  Η  Χ  Δ  Ά  Σ  Κ  Α  Λ  Ο  Σ  Π  Ο  Ψ
```

ΑΓΡΟΤΗΣ	ΕΡΕΥΝΗΤΉΣ
ΑΣΤΡΟΝΑΎΤΗΣ	ΚΗΠΟΥΡΌΣ
ΒΙΟΛΌΓΟΣ	ΙΑΤΡΟΣ
ΝΤΕΤΈΚΤΙΒ	ΔΗΜΟΣΙΟΓΡΆΦΟΣ
ΦΙΛΌΣΟΦΟΣ	ΠΙΛΟΤΙΚΉ
ΦΩΤΟΓΡΆΦΟΣ	ΖΩΓΡΆΦΟΣ
ΜΗΧΑΝΙΚΌΣ	ΔΆΣΚΑΛΟΣ
ΕΦΕΥΡΈΤΗΣ	

48 - Senderismo

Β	Ρ	Ά	Χ	Ο	Β	Ι	Λ	Λ	Ε	Λ	Φ	Μ	Κ
Π	Α	Ρ	Α	Σ	Κ	Ε	Υ	Ή	Τ	Υ	Ύ	Π	Ο
Σ	Έ	Ρ	Ί	Ι	Ρ	Ί	Ε	Ω	Υ	Π	Σ	Ό	Υ
Κ	Ν	Χ	Ι	Π	Έ	Τ	Ρ	Α	Ζ	Ω	Η	Τ	Ρ
Λ	Ά	Χ	Χ	Ά	Β	Β	Ω	Χ	Ο	Ώ	Η	Ε	Α
Ί	Γ	Μ	Λ	Ρ	Ψ	Ν	Ψ	Κ	Ο	Τ	Α	Σ	Σ
Μ	Ρ	Τ	Π	Ο	Δ	Η	Γ	Ο	Ί	Β	Ν	Ξ	Μ
Α	Ι	Β	Σ	Ι	Ο	Λ	Β	Υ	Π	Π	Π	Σ	Έ
Β	Ο	Υ	Ν	Ό	Ν	Ε	Β	Ν	Μ	Σ	Λ	Ι	Ν
Χ	Ά	Ρ	Τ	Η	Ξ	Γ	Κ	Ο	Ρ	Υ	Φ	Ή	Ο
Χ	Μ	Ι	Ν	Ε	Ρ	Ό	Κ	Ύ	Β	Η	Β	Ε	Σ
Η	Ψ	Ξ	Π	Ά	Ρ	Κ	Α	Π	Ή	Λ	Ι	Ο	Σ
Λ	Μ	Ρ	Μ	Υ	Τ	Ω	Ε	Ι	Ρ	Υ	Δ	Ψ	Ω
Τ	Β	Η	Γ	Ψ	Ι	Ί	Ο	Α	Ε	Ν	Ί	Β	Έ

BPΆXO
NEPΌ
ZΏA
MΠΌTEΣ
KΆMΠINΓK
KOYPAΣMΈNOΣ
KΛΊMA
KOPYΦΉ
OΔHΓOΊ
XΆPTH

BOYNΌ
KOYNOΎΠIA
ΦΎΣH
ΠΆPKA
BAPIΆ
ΠΈTPA
ΠAPAΣKEYΉ
ΆΓPIO
ΉΛIOΣ

49 - Naturaleza

```
Ε  Ι  Ρ  Η  Ν  Ι  Κ  Ή  Ω  Β  Α  Λ  Δ  Τ
Φ  Ύ  Λ  Λ  Ω  Μ  Α  Ι  Ε  Ρ  Ό  Ω  Υ  Ρ
Μ  Έ  Λ  Ι  Σ  Σ  Ε  Σ  Ρ  Α  Ν  Μ  Ν  Ο
Γ  Α  Λ  Ή  Ν  Ι  Ο  Μ  Ί  Χ  Λ  Η  Α  Π
Ζ  Ω  Τ  Ι  Κ  Ή  Ο  Π  Η  Η  Κ  Λ  Μ  Ι
Α  Ρ  Κ  Τ  Ι  Κ  Ή  Μ  Ο  Α  Α  Μ  Ι  Κ
Τ  Δ  Δ  Ί  Ω  Ζ  Η  Α  Ο  Τ  Τ  Α  Κ  Ή
Π  Α  Γ  Ε  Τ  Ώ  Ν  Α  Σ  Ρ  Α  Ν  Ή  Π
Ρ  Σ  Π  Ρ  Ω  Α  Σ  Δ  Ύ  Γ  Φ  Μ  Ρ  Τ
Ε  Ο  Υ  Ή  Ι  Ψ  Ρ  Τ  Ν  Ύ  Ι  Ό  Α
Τ  Σ  Ρ  Μ  Γ  Ν  Π  Ν  Ν  Ε  Γ  Ε  Ά  Σ
Ε  Μ  Μ  Ο  Υ  Γ  Χ  Α  Ε  Ι  Ι  Β  Τ  Ρ
Ε  Δ  Λ  Υ  Α  Ξ  Η  Ρ  Φ  Ί  Ο  Α  Έ  Β
Δ  Ι  Ά  Β  Ρ  Ω  Σ  Η  Α  Ά  Γ  Ρ  Ι  Ο
```

ΜΈΛΙΣΣΕΣ	ΟΜΊΧΛΗ
ΖΏΑ	ΣΎΝΝΕΦΑ
ΑΡΚΤΙΚΉ	ΕΙΡΗΝΙΚΉ
ΟΜΟΡΦΙΆ	ΚΑΤΑΦΎΓΙΟ
ΔΑΣΟΣ	ΠΟΤΑΜΌΣ
ΕΡΉΜΟΥ	ΆΓΡΙΟ
ΔΥΝΑΜΙΚΉ	ΙΕΡΌ
ΔΙΆΒΡΩΣΗ	ΓΑΛΉΝΙΟ
ΦΎΛΛΩΜΑ	ΤΡΟΠΙΚΉ
ΠΑΓΕΤΏΝΑΣ	ΖΩΤΙΚΉ

50 - Vacaciones #1

```
Δ  Η  Μ  Μ  Γ  Β  Ν  Ε  Μ  Η  Ε  Μ  Ω  Ψ
Χ  Ρ  Β  Ψ  Α  Α  Β  Κ  Ο  Σ  Β  Υ  Ψ  Γ
Ο  Ρ  Ο  Ί  Ε  Σ  Σ  Δ  Υ  Ε  Λ  Ξ  Ι  Σ
Λ  Ξ  Ι  Μ  Ρ  Χ  Ν  Ρ  Σ  Τ  Ξ  Χ  Α  Ί
Ω  Μ  Ξ  Α  Ο  Α  Ω  Ο  Ε  Λ  Ί  Μ  Ν  Η
Ψ  Β  Έ  Υ  Π  Λ  Ν  Μ  Ί  Μ  Χ  Η  Α  Ί
Β  Σ  Χ  Τ  Λ  Ά  Ό  Ή  Ο  Έ  Ρ  Ξ  Χ  Ψ
Χ  Α  Η  Ο  Ά  Ρ  Μ  Γ  Ο  Μ  Ν  Λ  Ώ  Μ
Β  Κ  Λ  Κ  Ν  Ω  Ι  Τ  Ι  Ρ  Υ  Έ  Ρ  Ψ
Ι  Ί  Μ  Ί  Ο  Σ  Σ  Λ  Ρ  Ο  Ο  Ε  Η  Έ
Έ  Δ  Ν  Ν  Τ  Η  Μ  Ε  Ο  Α  Μ  Α  Σ  Ι
Υ  Ι  Λ  Η  Χ  Σ  Α  Η  Ο  Μ  Μ  Έ  Η  Δ
Ε  Ο  Ψ  Τ  Ω  Ι  Α  Ο  Μ  Π  Ρ  Έ  Λ  Α
Ι  Ί  Α  Ο  Ω  Τ  Ε  Λ  Ω  Ν  Ε  Ί  Ο  Π
```

ΤΕΛΩΝΕΊΟ	ΣΑΚΊΔΙΟ
ΑΕΡΟΠΛΆΝΟ	ΝΌΜΙΣΜΑ
ΑΥΤΟΚΊΝΗΤΟ	ΜΟΥΣΕΊΟ
ΕΚΔΡΟΜΉ	ΟΜΠΡΈΛΑ
ΔΡΟΜΟΛΌΓΙΟ	ΧΑΛΆΡΩΣΗ
ΛΊΜΝΗ	ΑΝΑΧΩΡΗΣΗ
ΒΑΛΊΤΣΑ	ΤΡΑΜ

51 - Conduciendo

Α	Έ	Ρ	Ι	Ο	Ι	Β	Χ	Ί	Δ	Ρ	Ό	Μ	Ο
Ο	Ε	Δ	Β	Ε	Η	Ρ	Κ	Έ	Κ	Μ	Α	Ο	Σ
Ξ	Η	Β	Λ	Ά	Δ	Ε	Ι	Α	Υ	Ο	Υ	Λ	Ή
Ί	Δ	Σ	Δ	Μ	Έ	Υ	Ν	Ε	Κ	Τ	Τ	Ω	Ρ
Α	Τ	Ύ	Χ	Η	Μ	Α	Δ	Ω	Λ	Ο	Ο	Δ	Α
Π	Σ	Γ	Ω	Α	Ν	Μ	Ύ	Κ	Ο	Σ	Κ	Μ	Γ
Ί	Ε	Τ	Κ	Φ	Ρ	Έ	Ν	Α	Φ	Υ	Ί	Ο	Γ
Υ	Ω	Ζ	Υ	Α	Μ	Ί	Ο	Ύ	Ο	Κ	Ν	Τ	Α
Β	Υ	Ε	Ό	Ν	Ρ	Δ	Υ	Σ	Ρ	Λ	Η	Έ	Ε
Ε	Τ	Χ	Ν	Σ	Ο	Ά	Η	Ι	Ί	Έ	Τ	Ρ	Ξ
Χ	Χ	Ά	Π	Μ	Ψ	Μ	Ζ	Μ	Α	Τ	Ο	Η	Ψ
Φ	Ο	Ρ	Τ	Η	Γ	Ό	Ί	Ο	Η	Α	Η	Υ	Ξ
Μ	Ε	Τ	Α	Φ	Ο	Ρ	Ά	Α	Α	Ε	Δ	Β	Β
Σ	Ο	Η	Α	Σ	Φ	Ά	Λ	Ε	Ι	Α	Ε	Λ	Α

ΑΤΎΧΗΜΑ
ΔΡΌΜΟ
ΦΟΡΤΗΓΌ
ΑΥΤΟΚΊΝΗΤΟ
ΚΑΎΣΙΜΟ
ΦΡΈΝΑ
ΓΚΑΡΆΖ
ΑΈΡΙΟ
ΆΔΕΙΑ
ΧΆΡΤΗ

ΜΟΤΟΣΥΚΛΈΤΑ
ΜΟΤΈΡ
ΠΕΖΌΣ
ΚΙΝΔΎΝΟΥ
ΑΣΤΥΝΟΜΊΑ
ΑΣΦΆΛΕΙΑ
ΜΕΤΑΦΟΡΆ
ΚΥΚΛΟΦΟΡΊΑ
ΣΉΡΑΓΓΑ

52 - Ballet

```
Ε Μ Τ Ε Χ Ν Ι Κ Ή Μ Μ Χ Ο Κ
Ε Κ Έ Ν Τ Α Σ Η Ε Ί Ν Ε Ρ Α
Π Μ Φ Ψ Χ Έ Π Ω Π Ρ Δ Ι Χ Λ
Ι Χ Ο Ρ Ο Γ Ρ Α Φ Ί Α Ρ Ή Λ
Δ Β Μ Π Α Λ Α Ρ Ί Ν Α Ο Σ Ι
Ε Σ Τ Υ Λ Σ Ό Λ Ο Υ Λ Κ Τ Τ
Ξ Α Κ Ρ Ο Α Τ Ή Ρ Ι Ο Ρ Ρ Ε
Ι Ά Γ Π Ν Μ Ι Ι Ρ Ε Α Ό Α Χ
Ό Σ Υ Ν Θ Έ Τ Η Κ Υ Ε Τ Π Ν
Τ Κ Ρ Ν Ω Π Ε Π Δ Ή Θ Η Β Ι
Η Η Λ Α Α Ρ Ε Ε Ρ Έ Η Μ Δ Κ
Τ Σ Μ Ο Υ Σ Ι Κ Ή Ό Β Α Ο Ή
Α Η Χ Ο Ρ Ε Υ Τ Ε Σ Β Ω Υ Ύ
Γ Μ Χ Ε Ι Ρ Ο Ν Ο Μ Ί Α Π Δ
```

ΧΕΙΡΟΚΡΌΤΗΜΑ	ΧΕΙΡΟΝΟΜΊΑ
ΚΑΛΛΙΤΕΧΝΙΚΉ	ΕΠΙΔΕΞΙΌΤΗΤΑ
ΑΚΡΟΑΤΉΡΙΟ	ΈΝΤΑΣΗ
ΜΠΑΛΑΡΊΝΑ	ΜΟΥΣΙΚΉ
ΧΟΡΕΥΤΕΣ	ΟΡΧΉΣΤΡΑ
ΣΥΝΘΈΤΗ	ΆΣΚΗΣΗ
ΧΟΡΟΓΡΑΦΊΑ	ΡΥΘΜΟΎ
ΠΡΌΒΑ	ΣΌΛΟ
ΣΤΥΛ	ΤΕΧΝΙΚΉ
ΕΚΦΡΑΣΤΙΚΉ	

53 - Aventura

Δ	Ε	Ε	Κ	Δ	Ρ	Ο	Μ	Ή	Ο	Π	Π	Π	Δ
Ρ	Ν	Ν	Φ	Ρ	Ε	Η	Π	Α	Μ	Α	Ρ	Λ	Ρ
Ο	Δ	Τ	Θ	Ύ	Β	Λ	Μ	Ν	Ο	Ρ	Ο	Ο	Α
Μ	Τ	Ο	Χ	Ο	Σ	Ψ	Ί	Γ	Ρ	Α	Ο	Ή	Σ
Ο	Χ	Α	Ρ	Ά	Υ	Η	Γ	Ε	Φ	Σ	Ρ	Γ	Τ
Λ	Α	Τ	Ν	Ο	Έ	Σ	Ί	Ν	Ι	Κ	Ι	Η	Η
Ό	Σ	Α	Δ	Έ	Η	Α	Ι	Ν	Ά	Ε	Σ	Σ	Ρ
Γ	Φ	Ξ	Υ	Ρ	Α	Γ	Π	Α	Λ	Υ	Μ	Η	Ι
Ι	Ά	Ί	Σ	Ξ	Τ	Η	Ω	Ι	Σ	Ή	Ό	Έ	Ό
Ο	Λ	Δ	Κ	Η	Χ	Χ	Τ	Ό	Μ	Σ	Ο	Τ	
Χ	Ε	Ι	Ο	Ρ	Τ	Λ	Έ	Τ	Ο	Γ	Ό	Ε	Η
Ν	Ι	Σ	Λ	Έ	Σ	Π	Χ	Η	Λ	Ξ	Ω	Σ	Τ
Τ	Α	Φ	Ί	Λ	Ο	Ι	Ξ	Τ	Γ	Ψ	Δ	Τ	Α
Ε	Υ	Κ	Α	Ι	Ρ	Ί	Α	Α	Ρ	Ω	Ι	Λ	Ε

ΔΡΑΣΤΗΡΙΌΤΗΤΑ
ΧΑΡΆ
ΦΊΛΟΙ
ΟΜΟΡΦΙΆ
ΠΡΟΟΡΙΣΜΌΣ
ΔΥΣΚΟΛΊΑ
ΕΝΘΟΥΣΙΑΣΜΌΣ
ΕΚΔΡΟΜΉ
ΔΡΟΜΟΛΌΓΙΟ

ΦΎΣΗ
ΠΛΟΉΓΗΣΗ
ΝΈΑ
ΕΥΚΑΙΡΊΑ
ΠΑΡΑΣΚΕΥΉ
ΑΣΦΆΛΕΙΑ
ΓΕΝΝΑΙΌΤΗΤΑ
ΤΑΞΊΔΙ

54 - Pájaros

```
Ε  Ρ  Ω  Δ  Ι  Ο  Σ  Γ  Ώ  Τ  Γ  Ω  Π  Π
Π  Ε  Λ  Α  Ρ  Γ  Ό  Σ  Τ  Α  Μ  Σ  Ά  Ε
Γ  Ε  Ρ  Ά  Κ  Ι  Η  Μ  Ε  Υ  Έ  Γ  Π  Λ
Α  Λ  Κ  Ο  Τ  Ό  Π  Ο  Υ  Λ  Ο  Π  Ι  Ε
Ψ  Τ  Ά  Σ  Π  Ο  Υ  Ρ  Γ  Ί  Τ  Ι  Α  Κ
Α  Π  Ε  Ρ  Ι  Σ  Τ  Έ  Ρ  Ι  Π  Γ  Κ  Α
Ν  Υ  Ε  Κ  Ο  Ρ  Ά  Κ  Ι  Χ  Ε  Κ  Α  Ν
Ο  Ξ  Γ  Έ  Ο  Σ  Χ  Σ  Λ  Μ  Ψ  Ο  Ν  Κ
Γ  Ψ  Γ  Ό  Ι  Τ  Ε  Ή  Έ  Ξ  Υ  Υ  Α  Ο
Α  Ε  Τ  Ό  Σ  Κ  Ύ  Κ  Ν  Ο  Σ  Ί  Ρ  Ύ
Φ  Λ  Α  Μ  Ί  Ν  Γ  Κ  Ο  Α  Δ  Ν  Ί  Κ
Τ  Ο  Υ  Κ  Ά  Ν  Ε  Η  Ρ  Σ  Ί  Ο  Ν  Ο
Π  Α  Π  Α  Γ  Ά  Λ  Ο  Σ  Ν  Β  Σ  Ι  Σ
Σ  Ω  Ρ  Μ  Ν  Έ  Ο  Υ  Ν  Ο  Ε  Α  Ο  Ξ
```

ΑΕΤΌΣ	ΣΠΟΥΡΓΊΤΙ
ΚΑΝΑΡΊΝΙ	ΓΕΡΆΚΙ
ΠΕΛΑΡΓΌΣ	ΑΥΓΌ
ΚΎΚΝΟΣ	ΠΑΠΑΓΆΛΟΣ
ΚΟΎΚΟΣ	ΠΕΡΙΣΤΈΡΙ
ΚΟΡΆΚΙ	ΠΆΠΙΑ
ΦΛΑΜΊΝΓΚΟ	ΠΕΛΕΚΑΝ
ΧΉΝΑ	ΠΙΓΚΟΥΊΝΟΣ
ΕΡΩΔΙΟΣ	ΚΟΤΌΠΟΥΛΟ
ΓΛΆΡΟΣ	ΤΟΥΚΆΝ

55 - Playa

Π	Θ	Δ	Υ	Ξ	Η	Α	Β	Λ	Χ	Π	Κ	Ψ	Λ
Ή	Ά	Μ	Υ	Έ	Έ	Ψ	Σ	Ρ	Μ	Ο	Α	Σ	Σ
Α	Λ	Β	Ά	Ρ	Κ	Α	Ρ	Β	Β	Ε	Β	Μ	Ε
Ο	Α	Ι	Ο	Α	Ξ	Π	Ι	Ν	Ι	Ω	Ο	Π	Λ
Λ	Σ	Έ	Ο	Ω	Κ	Ε	Α	Ν	Ό	Σ	Ύ	Λ	Δ
Ά	Σ	Γ	Μ	Σ	Η	Τ	Ψ	Ρ	Ψ	Ι	Ρ	Ε	Ι
Μ	Α	Σ	Π	Λ	Α	Σ	Ή	Π	Ρ	Α	Ι	Σ	Α
Μ	Ν	Ρ	Ρ	Σ	Ω	Έ	Α	Η	Ω	Τ	Ί	Β	Κ
Ο	Δ	Ι	Έ	Ρ	Ν	Τ	Γ	Ν	Δ	Έ	Ω	Λ	Ο
Ι	Β	Α	Λ	Λ	Ρ	Α	Π	Υ	Ξ	Χ	Ν	Α	Π
Ν	Γ	Γ	Α	Σ	Α	Ν	Δ	Ά	Λ	Ι	Α	Ν	Έ
Ε	Η	Ι	Σ	Τ	Ι	Ο	Φ	Ό	Ρ	Ο	Τ	Ι	Σ
Μ	Έ	Σ	Ο	Ξ	Χ	Υ	Χ	Ί	Ψ	Ί	Λ	Χ	Γ
Α	Β	Ρ	Ί	Τ	Λ	Έ	Ω	Η	Λ	Ψ	Γ	Δ	Β

ΆΜΜΟ   ΩΚΕΑΝΌΣ

ΞΈΡΑ   ΟΜΠΡΈΛΑ

ΜΠΛΕ   ΣΑΝΔΆΛΙΑ

ΒΆΡΚΑ   ΉΛΙΟΣ

ΚΑΒΟΎΡΙ   ΠΕΤΣΈΤΑ

ΑΚΤΉ   ΔΙΑΚΟΠΈΣ

ΝΗΣΊ   ΙΣΤΙΟΦΌΡΟ

ΘΆΛΑΣΣΑ

56 - Surf

Ρ	Ί	Τ	Ά	Δ	Ω	Κ	Ε	Α	Ν	Ό	Σ	Β	Π
Π	Λ	Χ	Κ	Π	Ι	Γ	Λ	Τ	Τ	Π	Μ	Σ	Λ
Α	Ρ	Ν	Ρ	Ψ	Ι	Α	Θ	Λ	Η	Τ	Ή	Σ	Ή
Δ	Ρ	Ω	Ο	Σ	Δ	Ι	Σ	Α	Φ	Ρ	Ό	Σ	Θ
Ο	Γ	Ξ	Τ	Ψ	Ο	Μ	Τ	Κ	Ξ	Ψ	Ί	Ί	Η
Κ	Ε	Υ	Α	Υ	Ε	Υ	Σ	Έ	Η	Υ	Ξ	Ψ
Τ	Α	Α	Χ	Τ	Θ	Α	Λ	Ξ	Ρ	Δ	Β	Χ	Β
Δ	Έ	Ι	Ω	Μ	Ι	Λ	Δ	Ν	Α	Ο	Α	Ρ	Ω
Ύ	Ξ	Ψ	Ρ	Σ	Σ	Γ	Η	Γ	Λ	Σ	Π	Σ	Μ
Ν	Λ	Ο	Δ	Ό	Τ	Α	Π	Τ	Κ	Ύ	Μ	Α	Η
Α	Έ	Σ	Ξ	Ι	Σ	Υ	Έ	Ρ	Ή	Ί	Σ	Λ	Ί
Μ	Κ	Ο	Υ	Π	Ί	Σ	Λ	Ψ	Π	Σ	Ξ	Ρ	Ι
Η	Λ	Σ	Σ	Τ	Ο	Μ	Ά	Χ	Ι	Ο	Ρ	Ο	Τ
Π	Α	Ρ	Α	Λ	Ί	Α	Ρ	Χ	Ά	Ρ	Ι	Ο	Σ

ΞΈΡΑ
ΑΘΛΗΤΉΣ
ΠΡΩΤΑΘΛΗΤΉΣ
ΚΑΙΡΌΣ
ΔΙΑΣΚΈΔΑΣΗ
ΑΦΡΌΣ
ΣΤΥΛ
ΣΤΟΜΆΧΙ

ΆΚΡΟ
ΔΎΝΑΜΗ
ΠΛΉΘΗ
ΩΚΕΑΝΌΣ
ΚΎΜΑ
ΠΑΡΑΛΊΑ
ΑΡΧΆΡΙΟΣ
ΚΟΥΠΊ

57 - Geografía

Δ	Υ	Η	Α	Ε	Ι	Γ	Θ	Π	Β	Ψ	Υ	Υ	Π
Σ	Ύ	Π	Δ	Γ	Σ	Τ	Ά	Ο	Ο	Β	Ρ	Ψ	Χ
Ά	Β	Σ	Γ	Ε	Η	Ξ	Λ	Τ	Ρ	Χ	Σ	Ό	Ρ
Τ	Ο	Μ	Η	Ω	Μ	Δ	Α	Α	Ρ	Έ	Β	Μ	Ν
Λ	Υ	Η	Ι	Γ	Ε	Λ	Σ	Μ	Ά	Μ	Σ	Ε	Η
Α	Ν	Μ	Ί	Ρ	Ρ	Κ	Σ	Ό	Ο	Η	Χ	Τ	Μ
Ν	Ό	Τ	Ι	Α	Ι	Ό	Α	Σ	Π	Ω	Ά	Ρ	Ι
Τ	Η	Ί	Ξ	Φ	Ν	Σ	Ή	Π	Ε	Ι	Ρ	Ο	Σ
Α	Γ	Σ	Χ	Ι	Ό	Μ	Ν	Ό	Ρ	Ο	Τ	Ο	Φ
Β	Ξ	Π	Ί	Κ	Σ	Ο	Β	Λ	Ι	Τ	Η	Τ	Α
Χ	Ώ	Ρ	Α	Ό	Υ	Γ	Ι	Η	Ο	Έ	Η	Ψ	Ί
Έ	Δ	Α	Φ	Ο	Σ	Α	Υ	Ν	Χ	Ε	Ρ	Η	Ρ
Ν	Λ	Ρ	Δ	Δ	Μ	Ο	Μ	Α	Ή	Ξ	Β	Γ	Ι
Ω	Μ	Ε	Σ	Η	Μ	Β	Ρ	Ι	Ν	Ό	Ψ	Ν	Ο

ΥΨΌΜΕΤΡΟ
ΆΤΛΑΝΤΑ
ΠΌΛΗ
ΉΠΕΙΡΟΣ
ΙΣΗΜΕΡΙΝΌΣ
ΗΜΙΣΦΑΊΡΙΟ
ΝΗΣΊ
ΓΕΩΓΡΑΦΙΚΌ
ΧΆΡΤΗ
ΘΆΛΑΣΣΑ

ΜΕΣΗΜΒΡΙΝΌ
ΒΟΥΝΌ
ΚΌΣΜΟ
ΒΟΡΡΆ
ΔΎΣΗ
ΧΏΡΑ
ΠΕΡΙΟΧΉ
ΠΟΤΑΜΌΣ
ΝΌΤΙΑ
ΈΔΑΦΟΣ

58 - Deportes

Π	Α	Ί	Κ	Τ	Η	Γ	Μ	Ν	Π	Ε	Π	Γ	Ρ
Ν	Ν	Ψ	Ν	Μ	Υ	Κ	Η	Ν	Υ	Β	Ο	Υ	Ω
Ξ	Λ	Ο	Δ	Π	Κ	Ο	Μ	Ά	Δ	Α	Δ	Μ	Ξ
Ε	Δ	Β	Ί	Έ	Ί	Λ	Γ	Τ	Ω	Ξ	Ή	Ν	Δ
Π	Π	Μ	Λ	Ι	Ν	Φ	Χ	Β	Σ	Ε	Λ	Ά	Ι
Μ	Ρ	Μ	Μ	Ζ	Η	Τ	Ξ	Χ	Χ	Ω	Α	Σ	Α
Π	Ω	Ο	Ρ	Μ	Σ	Τ	Ά	Δ	Ι	Ο	Τ	Ι	Ι
Ά	Τ	Α	Π	Π	Η	Ν	Ε	Ν	Ε	Η	Ο	Ο	Τ
Σ	Ά	Λ	Θ	Ο	Π	Α	Ι	Χ	Ν	Ί	Δ	Ι	Η
Κ	Θ	Χ	Τ	Λ	Ν	Μ	Α	Κ	Ψ	Χ	Ξ	Λ	Τ
Ε	Λ	Ό	Έ	Α	Η	Η	Η	Ι	Η	Λ	Χ	Ρ	Ή
Τ	Η	Κ	Ν	Έ	Ν	Τ	Τ	Ε	Π	Τ	Β	Σ	Σ
Ί	Μ	Ε	Ι	Η	Η	Η	Ή	Ή	Χ	Ί	Ή	Ω	Ω
Π	Α	Ϊ	Σ	Ω	Ν	Γ	Σ	Σ	Σ	Σ	Τ	Σ	Ι

ΑΘΛΗΤΉΣ	ΝΙΚΗΤΉΣ
ΔΙΑΙΤΗΤΉΣ	ΓΥΜΝΆΣΙΟ
ΜΠΆΣΚΕΤ	ΓΚΟΛΦ
ΜΠΈΙΖΜΠΟΛ	ΧΌΚΕΪ
ΠΟΔΉΛΑΤΟ	ΠΑΙΧΝΊΔΙ
ΠΡΩΤΆΘΛΗΜΑ	ΠΑΊΚΤΗ
ΠΡΟΠΟΝΗΤΉΣ	ΚΊΝΗΣΗ
ΟΜΆΔΑ	ΤΈΝΙΣ
ΣΤΆΔΙΟ	

59 - Actividades

```
Ι  Κ  Δ  Ω  Σ  Υ  Μ  Φ  Έ  Ρ  Ο  Ν  Τ  Α
Ω  Υ  Ρ  Ά  Ψ  Ι  Μ  Ο  Β  Ο  Τ  Ρ  Ν  Ί
Ρ  Ν  Α  Χ  Α  Λ  Ά  Ρ  Ω  Σ  Η  Π  Δ  Α
Α  Ή  Σ  Β  Ι  Ο  Τ  Ε  Χ  Ν  Ί  Α  Γ  Φ
Ν  Γ  Τ  Έ  Χ  Ν  Η  Ξ  Α  Γ  Κ  Ι  Ι  Ω
Α  Ι  Η  Χ  Π  Ψ  Ι  Σ  Π  Σ  Ε  Χ  Ξ  Τ
Ψ  Ά  Ρ  Ε  Μ  Α  Λ  Ν  Ξ  Χ  Ρ  Ν  Α  Ο
Υ  Ρ  Ι  Ο  Η  Β  Ζ  Χ  Ψ  Λ  Α  Ί  Ν  Γ
Χ  Ο  Ό  Η  Δ  Έ  Χ  Λ  Τ  Ο  Μ  Δ  Ά  Ρ
Ή  Έ  Τ  Μ  Α  Γ  Ε  Ί  Α  Β  Ι  Ι  Γ  Α
Ν  Κ  Η  Π  Ο  Υ  Ρ  Ι  Κ  Ή  Κ  Α  Ν  Φ
Σ  Λ  Τ  Υ  Μ  Μ  Α  Τ  Υ  Σ  Ή  Β  Ω  Ί
Λ  Υ  Α  Ζ  Ω  Γ  Ρ  Α  Φ  Ι  Κ  Ή  Σ  Α
Ε  Υ  Χ  Α  Ρ  Ί  Σ  Τ  Η  Σ  Η  Ρ  Η  Ί
```

ΔΡΑΣΤΗΡΙΌΤΗΤΑ   ΠΑΙΧΝΊΔΙΑ
ΤΈΧΝΗ   ΑΝΆΓΝΩΣΗ
ΒΙΟΤΕΧΝΊΑ   ΜΑΓΕΊΑ
ΚΥΝΉΓΙ   ΑΝΑΨΥΧΉ
ΚΕΡΑΜΙΚΉ   ΨΆΡΕΜΑ
ΡΆΨΙΜΟ   ΖΩΓΡΑΦΙΚΉ
ΦΩΤΟΓΡΑΦΊΑ   ΕΥΧΑΡΊΣΤΗΣΗ
ΣΥΜΦΈΡΟΝΤΑ   ΧΑΛΆΡΩΣΗ
ΚΗΠΟΥΡΙΚΉ   ΠΑΖΛ

60 - Verduras

```
Λ Μ Η Γ Π Π Α Τ Ά Τ Α Γ Β Ν
Ν Τ Ο Μ Ά Τ Α Ζ Σ Έ Λ Ι Ν Ο
Ε Ν Δ Ξ Ε Ί Ι Ί Δ Ε Χ Ι Ξ Η
Η Α Ρ Ι Α Μ Α Ν Ι Τ Ά Ρ Ι Μ
Β Γ Δ Ψ Ί Ψ Ξ Τ Λ Ο Σ Ρ Ν Μ
Σ Κ Ό Ρ Δ Ο Λ Ζ Ρ Α Π Α Α Π
Κ Ι Ρ Σ Μ Μ Ι Ε Μ Υ Α Π Ε Ρ
Ο Ν Γ Λ Ρ Λ Π Ρ Ι Ι Ν Α Τ Ό
Λ Ά Ο Μ Μ Ε Λ Ι Τ Ζ Ά Ν Α Κ
Ο Ρ Γ Υ Δ Χ Ι Ω Ζ Π Κ Ά Δ Ο
Κ Α Γ Γ Ο Ύ Ρ Ι Λ Έ Ι Κ Β Λ
Ύ Χ Ύ Κ Α Ρ Ό Τ Ο Ε Λ Ι Ά Ο
Θ Υ Λ Ί Κ Ρ Ε Μ Μ Ύ Δ Ι Α Ρ
Α Λ Ι Η Ν Ω Σ Α Λ Ά Τ Α Ν Β
```

ΣΚΌΡΔΟ	ΤΖΊΝΤΖΕΡ
ΑΓΚΙΝΆΡΑ	ΓΟΓΓΎΛΙ
ΣΈΛΙΝΟ	ΕΛΙΆ
ΜΕΛΙΤΖΆΝΑ	ΠΑΤΆΤΑ
ΜΠΡΌΚΟΛΟ	ΑΓΓΟΎΡΙ
ΚΟΛΟΚΎΘΑ	ΡΑΠΑΝΆΚΙ
ΚΡΕΜΜΎΔΙ	ΜΑΝΙΤΆΡΙ
ΣΑΛΆΤΑ	ΝΤΟΜΆΤΑ
ΣΠΑΝΆΚΙ	ΚΑΡΌΤΟ
ΜΠΙΖΈΛΙ	

61 - Instrumentos Musicales

```
Δ  Α  Σ  Α  Ξ  Ό  Φ  Ω  Ν  Ο  Ω  Ι  Ρ  Μ
Ν  Τ  Έ  Φ  Ι  Β  Δ  Λ  Κ  Ι  Θ  Ά  Ρ  Α
Μ  Φ  Π  Ν  Ί  Χ  Ι  Γ  Ά  Ό  Μ  Π  Ο  Ε
Α  Υ  Α  Η  Ψ  Ρ  Β  Ο  Δ  Ο  Π  Υ  Ν  Σ
Ν  Σ  Κ  Ρ  Ο  Ύ  Σ  Η  Λ  Σ  Υ  Λ  Χ  Ψ
Τ  Α  Μ  Π  Ά  Ν  Τ  Ζ  Ο  Ί  Ά  Τ  Α  Τ
Ο  Ρ  Μ  Λ  Ι  Π  Ψ  Έ  Χ  Ξ  Ρ  Τ  Ο  Ρ
Λ  Μ  Ο  Ψ  Ο  Λ  Ν  Χ  Ρ  Φ  Π  Ύ  Ω  Ο
Ί  Ό  Ο  Μ  Α  Ρ  Ί  Μ  Π  Α  Α  Μ  Έ  Μ
Ν  Ν  Ξ  Ο  Π  Σ  Β  Ω  Ι  Γ  Ε  Π  Γ  Π
Ο  Ι  Ι  Γ  Ξ  Ό  Ο  Λ  Ά  Κ  Ω  Α  Ρ  Έ
Γ  Κ  Ο  Ν  Γ  Κ  Ν  Ο  Ν  Ό  Ι  Ν  Τ  Τ
Ί  Α  Ε  Α  Μ  Λ  Ο  Ι  Ο  Τ  Γ  Ο  Μ  Α
Κ  Λ  Α  Ρ  Ι  Ν  Έ  Τ  Ο  Ο  Ω  Γ  Ί  Β
```

ΦΥΣΑΡΜΌΝΙΚΑ
ΆΡΠΑ
ΜΠΆΝΤΖΟ
ΚΛΑΡΙΝΈΤΟ
ΦΑΓΚΌΤΟ
ΦΛΆΟΥΤΟ
ΓΚΟΝΓΚ
ΚΙΘΆΡΑ
ΜΑΝΤΟΛΊΝΟ
ΜΑΡΊΜΠΑ

ΌΜΠΟΕ
ΝΤΈΦΙ
ΚΡΟΎΣΗ
ΠΙΆΝΟ
ΣΑΞΌΦΩΝΟ
ΤΎΜΠΑΝΟ
ΤΡΟΜΠΌΝΙ
ΤΡΟΜΠΈΤΑ
ΒΙΟΛΊ

62 - Escalada

```
Α  Τ  Μ  Ό  Σ  Φ  Α  Ι  Ρ  Α  Π  Ξ  Δ  Π
Υ  Ω  Ψ  Ν  Γ  Η  Η  Έ  Ν  Χ  Ε  Τ  Ύ  Ε
Ρ  Ι  Η  Ν  Σ  Σ  Δ  Ο  Α  Ρ  Υ  Ν  Ζ
Ρ  Ν  Γ  Σ  Ω  Ι  Π  Α  Γ  Ί  Ι  Ψ  Α  Ο
Β  Φ  Υ  Σ  Ι  Κ  Ή  Φ  Λ  Ν  Έ  Ό  Μ  Π
Π  Κ  Ξ  Ο  Έ  Π  Λ  Ο  Χ  Ξ  Ρ  Μ  Η  Ο
Έ  Λ  Α  Λ  Ο  Τ  Α  Σ  Ά  Π  Γ  Ε  Δ  Ρ
Μ  Π  Ό  Τ  Ε  Σ  Ι  Ψ  Ρ  Α  Ε  Τ  Γ  Ί
Γ  Ξ  Κ  Ρ  Ά  Ν  Ο  Σ  Τ  Η  Ι  Ρ  Ά  Α
Σ  Τ  Α  Θ  Ε  Ρ  Ό  Τ  Η  Τ  Α  Ο  Ν  Λ
Τ  Ρ  Α  Υ  Μ  Α  Τ  Ι  Σ  Μ  Ό  Ω  Τ  Α
Ε  Ι  Τ  Δ  Έ  Γ  Χ  Ι  Δ  Γ  Ω  Ψ  Ι  Ί
Ν  Π  Δ  Η  Η  Γ  Ν  Έ  Σ  Γ  Ο  Ι  Α  Ψ
Ό  Ε  Λ  Ρ  Ν  Ν  Έ  Ο  Δ  Η  Γ  Ο  Ί  Υ
```

ΥΨΌΜΕΤΡΟ	ΚΑΤΆΡΤΙΣΗ
ΑΤΜΌΣΦΑΙΡΑ	ΔΎΝΑΜΗ
ΜΠΌΤΕΣ	ΓΆΝΤΙΑ
ΚΡΆΝΟΣ	ΟΔΗΓΟΊ
ΣΠΉΛΑΙΟ	ΤΡΑΥΜΑΤΙΣΜΌ
ΠΕΡΙΈΡΓΕΙΑ	ΧΆΡΤΗ
ΣΤΑΘΕΡΌΤΗΤΑ	ΠΕΖΟΠΟΡΊΑ
ΣΤΕΝΌ	ΈΔΑΦΟΣ
ΦΥΣΙΚΉ	

63 - Mascotas

Α	Ν	Π	Β	Λ	Σ	Μ	Ξ	Ω	Ν	Υ	Γ	Ψ	Ψ
Γ	Έ	Α	Ο	Ο	Β	Ε	Ω	Ρ	Ξ	Γ	Ί	Δ	Α
Ε	Ρ	Π	Υ	Υ	Υ	Η	Σ	Τ	Ψ	Ά	Ρ	Ι	
Λ	Ό	Α	Ρ	Ρ	Ι	Τ	Ψ	Έ	Α	Σ	Κ	Τ	Γ
Ά	Υ	Γ	Ά	Ί	Ξ	Έ	Σ	Ι	Χ	Δ	Ο	Ρ	Α
Δ	Ν	Ά	Ι	Π	Ό	Δ	Ι	Α	Ε	Ν	Υ	Ο	Α
Α	Ρ	Λ	Β	Κ	Ο	Υ	Ν	Έ	Λ	Ι	Τ	Φ	Σ
Π	Έ	Ο	Δ	Ο	Ψ	Ν	Χ	Γ	Ώ	Ε	Ά	Ή	Χ
Λ	Ξ	Σ	Μ	Λ	Σ	Έ	Τ	Α	Ν	Ρ	Β	Ι	Ά
Μ	Ν	Α	Γ	Ά	Έ	Έ	Ω	Ί	Α	Ω	Ι	Β	Μ
Λ	Β	Ύ	Η	Ρ	Ε	Β	Ψ	Σ	Κ	Ύ	Λ	Ο	Σ
Γ	Ί	Ρ	Ψ	Ο	Ν	Ύ	Χ	Ι	Α	Ι	Ί	Ω	Τ
Υ	Ν	Α	Κ	Τ	Η	Ν	Ί	Α	Τ	Ρ	Ο	Σ	Ε
Τ	Ω	Τ	Ο	Χ	Ο	Λ	Β	Ί	Μ	Τ	Ξ	Α	Ρ

NEPΌ
ΓΊΔΑ
ΚΟΥΤΆΒΙ
ΟΥΡΆ
ΚΟΛΆΡΟ
ΤΡΟΦΉ
ΚΟΥΝΈΛΙ
ΛΟΥΡΊ
ΝΎΧΙΑ
ΓΆΤΑ

ΧΆΜΣΤΕΡ
ΣΑΎΡΑ
ΠΑΠΑΓΆΛΟΣ
ΠΌΔΙΑ
ΣΚΎΛΟΣ
ΨΆΡΙ
ΠΟΝΤΊΚΙ
ΧΕΛΏΝΑ
ΑΓΕΛΆΔΑ
ΚΤΗΝΊΑΤΡΟΣ

64 - Formas

```
Σ Φ Α Ί Ρ Α Τ Ρ Ι Γ Ώ Ν Ο Υ
Έ Ο Β Ά Λ Γ Χ Υ Σ Ι Η Ρ Τ Σ
Λ Ρ Π Κ Ύ Λ Ι Ν Δ Ρ Ο Σ Β Ξ
Λ Θ Υ Ρ Π Ρ Ί Σ Μ Α Ρ Δ Γ Ί
Ε Ο Ρ Η Ο Κ Κ Ώ Ν Ο Σ Δ Γ Μ
Ι Γ Α Η Λ Γ Ύ Τ Π Λ Ε Υ Ρ Ά
Ψ Ώ Μ Π Ύ Α Η Κ Ύ Β Ο Σ Α Υ
Η Ν Ί Π Γ Π Ί Ω Λ Τ Α Ρ Μ Π
Ω Ι Δ Ψ Ω Σ Λ Τ Ψ Ο Χ Γ Μ Ε
Ί Ο Α Τ Ν Λ Β Α Ί Β Σ Ω Ή Ρ
Ρ Ε Ν Ό Ο Ρ Ε Ψ Τ Σ Ν Ν Λ Β
Δ Μ Η Ξ Λ Μ Σ Π Ν Ε Π Ί Ν Ο
Ι Ρ Ω Ο Α Τ Έ Ψ Έ Ι Ί Α Υ Λ
Ω Α Υ Ε Κ Α Μ Π Ύ Λ Η Α Λ Ή
```

ΤΌΞΟ	ΓΩΝΊΑ
ΆΚΡΗ	ΥΠΕΡΒΟΛΉ
ΚΎΛΙΝΔΡΟΣ	ΠΛΕΥΡΆ
ΚΎΚΛΟΣ	ΓΡΑΜΜΉ
ΚΏΝΟΣ	ΟΒΆΛ
ΠΛΑΤΕΊΑ	ΠΥΡΑΜΊΔΑ
ΚΎΒΟΣ	ΠΟΛΎΓΩΝΟ
ΚΑΜΠΎΛΗ	ΠΡΊΣΜΑ
ΈΛΛΕΙΨΗ	ΟΡΘΟΓΏΝΙΟ
ΣΦΑΊΡΑ	ΤΡΙΓΏΝΟΥ

65 - Flores

```
Λ Έ Τ Γ Π Ψ Σ Α Υ Ω Ξ Μ Μ Π
Ε Α Ο Ι Α Τ Γ Κ Χ Γ Τ Α Π Α
Β Λ Υ Α Π Ρ Ω Α Κ Λ Α Ρ Ο Σ
Ά Β Λ Σ Α Ι Δ Λ Ρ Μ Π Γ Υ Σ
Ν Π Ϊ Ε Ρ Φ Σ Έ Ϊ Ψ Ι Α Κ Ι
Τ Α Π Μ Ο Ύ Π Ν Ν Δ Κ Ρ Έ Φ
Α Σ Α Ϊ Ύ Λ Α Τ Ο Ι Ρ Ϊ Τ Λ
Μ Χ Μ Έ Ν Λ Ι Ο Σ Β Α Τ Ο Ό
Μ Α Μ Λ Α Ι Ω Υ Χ Ϊ Λ Α Δ Ρ
Λ Λ Ν Ξ Ω Χ Ν Λ Λ Σ Ϊ Δ Μ Α
Η Ι Χ Ό Ω Έ Ϊ Α Ξ Κ Δ Χ Ο Δ
Ξ Ά Μ Ψ Λ Β Α Α Λ Ο Α Α Ρ Χ
Ξ Ω Δ Γ Ξ Ι Έ Ψ Ξ Σ Ι Ξ Τ Β
Π Έ Τ Α Λ Ο Α Ο Ρ Χ Ι Δ Έ Α
```

ΠΑΠΑΡΟΎΝΑ	ΜΑΝΌΛΙΑ
ΚΑΛΈΝΤΟΥΛΑ	ΜΑΡΓΑΡΊΤΑ
ΠΙΚΡΑΛΊΔΑ	ΟΡΧΙΔΈΑ
ΓΑΡΔΈΝΙΑ	ΠΑΣΣΙΦΛΌΡΑ
ΙΒΊΣΚΟΣ	ΠΑΙΩΝΊΑ
ΓΙΑΣΕΜΊ	ΠΈΤΑΛΟ
ΛΕΒΆΝΤΑ	ΜΠΟΥΚΈΤΟ
ΠΑΣΧΑΛΙΆ	ΤΡΙΦΎΛΛΙ
ΚΡΊΝΟΣ	ΤΟΥΛΊΠΑ

66 - Astronomía

```
Α  Ο  Υ  Ρ  Α  Ν  Ό  Σ  Ι  Ξ  Λ  Π  Τ  Τ
Σ  Ι  Υ  Η  Ί  Ί  Ο  Γ  Σ  Ν  Γ  Α  Ξ  Ψ
Τ  Π  Χ  Β  Α  Ρ  Ύ  Τ  Η  Τ  Α  Ρ  Α  Λ
Ε  Λ  Α  Έ  Η  Φ  Ρ  Τ  Μ  Σ  Λ  Α  Σ  Α
Ρ  Α  Σ  Κ  Μ  Ε  Ο  Η  Ε  Ύ  Α  Τ  Τ  Κ
Ι  Ν  Τ  Λ  Α  Γ  Υ  Λ  Ρ  Μ  Ξ  Η  Ρ  Τ
Σ  Ή  Ρ  Ε  Μ  Γ  Κ  Ε  Ί  Π  Ί  Ρ  Ο  Ι
Μ  Τ  Ο  Ι  Ε  Ά  Έ  Σ  Α  Α  Α  Η  Ν  Ν
Ό  Η  Ν  Ψ  Τ  Ρ  Τ  Κ  Η  Ν  Σ  Τ  Ό  Ο
Π  Σ  Α  Η  Έ  Ι  Α  Ό  Ξ  Ψ  Ι  Ή  Μ  Β
Ο  Γ  Ύ  Έ  Ω  Σ  Β  Π  Ι  Ί  Ρ  Ρ  Ο  Ο
Α  Σ  Τ  Ε  Ρ  Ο  Ε  Ι  Δ  Ή  Σ  Ι  Σ  Λ
Ί  Σ  Η  Υ  Ο  Ο  Ι  Ο  Χ  Ο  Π  Ο  Λ  Ί
Γ  Ί  Σ  Ο  Υ  Π  Ε  Ρ  Ν  Ό  Β  Α  Π  Α
```

ΑΣΤΕΡΟΕΙΔΉΣ	ΦΕΓΓΆΡΙ
ΑΣΤΡΟΝΑΎΤΗΣ	ΜΕΤΈΩΡΟ
ΑΣΤΡΟΝΌΜΟΣ	ΠΑΡΑΤΗΡΗΤΉΡΙΟ
ΟΥΡΑΝΌΣ	ΠΛΑΝΉΤΗΣ
ΡΟΥΚΈΤΑ	ΑΚΤΙΝΟΒΟΛΊΑ
ΑΣΤΕΡΙΣΜΌ	ΣΟΥΠΕΡΝΌΒΑ
ΈΚΛΕΙΨΗ	ΤΗΛΕΣΚΌΠΙΟ
ΙΣΗΜΕΡΊΑ	ΓΗ
ΓΑΛΑΞΊΑΣ	ΣΎΜΠΑΝ
ΒΑΡΎΤΗΤΑ	

67 - Tiempo

```
Μ Έ Λ Λ Ο Ν Δ Σ Ω Λ Ε Π Τ Ό
Ε Η Η Α Ρ Ν Ω Ε Ή Ν Ώ Ρ Α Ν
Σ Τ Ι Γ Μ Ή Ν Τ Κ Μ Μ Ω Χ Ύ
Η Η Α Ω Γ Ν Ν Ή Δ Α Ε Ί Δ Χ
Μ Μ Π Π Υ Δ Έ Σ Α Ι Ε Ρ Ι Τ
Έ Ε Ρ Ο Λ Ό Ι Ι Τ Ώ Β Τ Α Α
Ρ Ρ Ι Π Μ Ή Ν Α Σ Ν Δ Ώ Ί Ι
Ι Ο Ν Χ Έ Υ Ι Λ Ψ Α Ο Ρ Π Α
Β Λ Ρ Λ Ρ Μ Σ Χ Ω Σ Μ Α Μ Χ
Β Ό Λ Α Α Ν Μ Δ Ω Ί Ά Ξ Σ Λ
Ι Γ Α Α Α Ω Χ Ξ Χ Α Δ Μ Ο Σ
Ν Ι Ξ Ί Ν Ν Ε Θ Α Λ Α Π Ν Ν
Π Ο Ι Η Τ Ψ Ρ Ι Ε Τ Ο Σ Ί Α
Μ Ψ Λ Α Ν Ξ Υ Μ Τ Σ Ω Έ Δ Δ
```

ΤΏΡΑ	ΣΉΜΕΡΑ
ΠΡΙΝ	ΠΡΩΊ
ΕΤΉΣΙΑ	ΜΕΣΗΜΈΡΙ
ΕΤΟΣ	ΜΉΝΑΣ
ΧΘΕΣ	ΛΕΠΤΌ
ΗΜΕΡΟΛΌΓΙΟ	ΣΤΙΓΜΉ
ΔΕΚΑΕΤΊΑ	ΝΎΧΤΑ
ΜΈΡΑ	ΡΟΛΌΙ
ΜΈΛΛΟΝ	ΕΒΔΟΜΆΔΑ
ΏΡΑ	ΑΙΏΝΑΣ

68 - Paisajes

```
Ν Τ Ί Θ Κ Ξ Η Η Β Λ Ε Ρ Ο Π
Η Ω Ο Π Ά Α Κ Ο Ι Λ Ά Δ Α Α
Ί Ω Β Β Υ Λ Τ Ξ Ί Ι Χ Η Σ Γ
Χ Έ Χ Π Γ Β Α Α Σ Ν Γ Α Έ Ε
Ν Χ Μ Π Γ Ά Σ Σ Ρ Λ Η Σ Ο Τ
Π Ε Κ Β Ο Λ Ή Η Σ Ρ Δ Α Ξ Ώ
Α Ρ Ρ Ο Ν Τ Τ Υ Ξ Α Ά Ε Ψ Ν
Ρ Σ Λ Υ Δ Ο Ί Ρ Ο Σ Λ Κ Ψ Α
Α Ό Τ Ν Η Σ Ί Α Β Π Ί Ν Τ Σ
Λ Ν Υ Ό Α Σ Η Ε Ρ Ή Μ Ο Υ Η
Ί Η Π Ο Τ Α Μ Ό Σ Λ Ν Ε Γ Β
Α Σ Κ Ό Λ Π Ο Σ Η Α Η Ο Σ Ρ
Χ Ο Τ Ο Ύ Ν Δ Ρ Α Ι Δ Ν Σ Δ
Π Α Γ Ό Β Ο Υ Ν Ο Ο Ω Α Ε Ξ
```

ΚΑΤΑΡΡΆΚΤΗ	ΘΆΛΑΣΣΑ
ΣΠΉΛΑΙΟ	ΒΟΥΝΌ
ΕΡΉΜΟΥ	ΌΑΣΗ
ΕΚΒΟΛΉ	ΒΆΛΤΟΣ
ΠΑΓΕΤΏΝΑΣ	ΧΕΡΣΌΝΗΣΟ
ΚΌΛΠΟΣ	ΠΑΡΑΛΊΑ
ΠΑΓΌΒΟΥΝΟ	ΠΟΤΑΜΌΣ
ΝΗΣΊ	ΤΟΎΝΔΡΑ
ΛΊΜΝΗ	ΚΟΙΛΆΔΑ

69 - Días y Meses

```
Ι  Ν  Φ  Ε  Β  Ρ  Ο  Υ  Α  Ρ  Ί  Ο  Υ  Κ
Ι  Ο  Α  Η  Μ  Ε  Ρ  Ο  Λ  Ό  Γ  Ι  Ο  Υ
Δ  Ε  Υ  Τ  Έ  Ρ  Α  Μ  Ή  Ν  Α  Σ  Ι  Ρ
Μ  Μ  Γ  Λ  Χ  Ξ  Ι  Ν  Ρ  Ψ  Ο  Ε  Ο  Ι
Ρ  Β  Ο  Ι  Ί  Β  Η  Ρ  Ί  Ρ  Τ  Π  Υ  Α
Ί  Ρ  Ύ  Υ  Ί  Ο  Β  Η  Ψ  Υ  Ε  Τ  Ν  Κ
Υ  Ί  Σ  Ξ  Ω  Π  Υ  Β  Ρ  Τ  Σ  Ε  Ί  Ή
Β  Ο  Τ  Ρ  Ί  Τ  Η  Ξ  Ω  Ε  Ά  Μ  Ο  Υ
Ν  Υ  Ο  Υ  Ο  Ί  Ν  Ξ  Ε  Τ  Β  Β  Υ  Ι
Ι  Ω  Υ  Σ  Δ  Έ  Α  Έ  Π  Ά  Β  Ρ  Β  Έ
Ε  Β  Δ  Ο  Μ  Ά  Δ  Α  Ε  Ρ  Α  Ί  Χ  Ψ
Ο  Κ  Τ  Ω  Β  Ρ  Ί  Ο  Υ  Τ  Τ  Ο  Δ  Β
Έ  Π  Γ  Ε  Π  Έ  Μ  Π  Τ  Η  Ο  Υ  Ρ  Μ
Ρ  Ι  Α  Ν  Ο  Υ  Α  Ρ  Ί  Ο  Υ  Σ  Ω  Ί
```

ΑΥΓΟΎΣΤΟΥ	ΔΕΥΤΈΡΑ
ΕΤΟΣ	ΤΡΊΤΗ
ΗΜΕΡΟΛΌΓΙΟ	ΜΉΝΑΣ
ΚΥΡΙΑΚΉ	ΤΕΤΆΡΤΗ
ΙΑΝΟΥΑΡΊΟΥ	ΝΟΕΜΒΡΊΟΥ
ΦΕΒΡΟΥΑΡΊΟΥ	ΟΚΤΩΒΡΊΟΥ
ΠΈΜΠΤΗ	ΣΆΒΒΑΤΟ
ΙΟΥΛΊΟΥ	ΕΒΔΟΜΆΔΑ
ΙΟΥΝΊΟΥ	ΣΕΠΤΕΜΒΡΊΟΥ

70 - Chocolate

```
Π  Κ  Α  Κ  Ά  Ο  Π  Τ  Ε  Υ  Ί  Η  Ω  Π
Ο  Ω  Α  Φ  Ι  Σ  Τ  Ί  Κ  Ι  Α  Η  Ω  Ι
Ι  Ν  Ά  Ρ  Ω  Μ  Α  Σ  Α  Έ  Ε  Λ  Ί  Κ
Ό  Ό  Γ  Υ  Ύ  Ι  Ρ  Λ  Μ  Ω  Β  Ν  Ι  Ρ
Τ  Σ  Λ  Χ  Ι  Δ  Ε  Ξ  Ω  Τ  Ι  Κ  Ό  Ή
Η  Τ  Υ  Ζ  Ά  Χ  Α  Ρ  Η  Γ  Ο  Ν  Ω  Ψ
Τ  Ι  Κ  Σ  Κ  Ό  Ν  Η  Γ  Ε  Τ  Π  Ν  Έ
Α  Μ  Ό  Α  Σ  Δ  Έ  Λ  Έ  Ύ  Ε  Ί  Λ  Π
Τ  Ο  Σ  Υ  Ν  Τ  Α  Γ  Ή  Σ  Χ  Ν  Υ  Λ
Σ  Υ  Σ  Τ  Α  Τ  Ι  Κ  Ό  Η  Ν  Ε  Λ  Ψ
Α  Γ  Α  Π  Η  Μ  Έ  Ν  Ο  Σ  Ι  Τ  Ψ  Σ
Θ  Ε  Ρ  Μ  Ι  Δ  Ε  Σ  Η  Ο  Κ  Ι  Ν  Υ
Κ  Α  Ρ  Α  Μ  Έ  Λ  Α  Τ  Α  Ή  Ν  Ε  Δ
Η  Υ  Ο  Ί  Ι  Ί  Μ  Έ  Έ  Λ  Γ  Π  Ω  Ω
```

ΠΙΚΡΉ	ΚΑΡΎΔΑ
ΆΡΩΜΑ	ΝΌΣΤΙΜΟ
ΒΙΟΤΕΧΝΙΚΉ	ΓΛΥΚΌ
ΖΆΧΑΡΗ	ΕΞΩΤΙΚΌ
ΦΙΣΤΊΚΙΑ	ΑΓΑΠΗΜΈΝΟΣ
ΚΑΚΆΟ	ΓΕΎΣΗ
ΠΟΙΌΤΗΤΑ	ΣΥΣΤΑΤΙΚΌ
ΘΕΡΜΙΔΕΣ	ΣΚΌΝΗ
ΚΑΡΑΜΈΛΑ	ΣΥΝΤΑΓΉ

71 - Barbacoas

```
Ο  Χ  Σ  Φ  Έ  Π  Ν  Ρ  Ξ  Η  Π  Σ  Μ  Σ
Ι  Λ  Ά  Ρ  Ψ  Α  Ρ  Α  Σ  Α  Π  Χ  Π  Ξ
Κ  Α  Λ  Ο  Κ  Α  Ί  Ρ  Ι  Β  Ε  Ά  Α  Ξ
Ο  Σ  Τ  Ύ  Ψ  Κ  Μ  Α  Χ  Α  Ί  Ρ  Ι  Α
Γ  Α  Σ  Τ  Υ  Ο  Ο  Ε  Σ  Ψ  Ν  Α  Χ  Η
Έ  Λ  Α  Ο  Ξ  Γ  Υ  Τ  Ε  Ε  Α  Ί  Ν  Δ
Ν  Ά  Γ  Ρ  Ζ  Ε  Σ  Τ  Ό  Μ  Ο  Ρ  Ί  Ε
Ε  Τ  Η  Ι  Γ  Ύ  Ι  Ι  Ι  Π  Χ  Λ  Δ  Ί
Ι  Α  Δ  Ν  Η  Μ  Κ  Π  Ί  Α  Ο  Ρ  Ι  Π
Α  Α  Τ  Ψ  Α  Α  Ή  Ι  Ο  Ι  Ν  Υ  Α  Ν
Α  Λ  Ά  Τ  Ι  Ο  Έ  Π  Η  Δ  Έ  Ι  Λ  Ο
Ν  Τ  Ο  Μ  Ά  Τ  Α  Έ  Μ  Ί  Χ  Μ  Έ  Ο
Έ  Γ  Π  Χ  Υ  Ν  Δ  Ρ  Λ  Έ  Ν  Η  Χ  Ρ
Κ  Ρ  Ε  Μ  Μ  Ύ  Δ  Ι  Α  Ξ  Ο  Α  Λ  Δ
```

ΓΕΎΜΑ	ΜΟΥΣΙΚΉ
ΖΕΣΤΌ	ΠΑΙΔΊ
ΚΡΕΜΜΎΔΙΑ	ΣΧΆΡΑ
ΔΕΊΠΝΟ	ΠΙΠΈΡΙ
ΜΑΧΑΊΡΙΑ	ΚΟΤΌΠΟΥΛΟ
ΣΑΛΆΤΑ	ΑΛΆΤΙ
ΟΙΚΟΓΈΝΕΙΑ	ΣΆΛΤΣΑ
ΦΡΟΎΤΟ	ΝΤΟΜΆΤΑ
ΠΕΊΝΑ	ΚΑΛΟΚΑΊΡΙ
ΠΑΙΧΝΊΔΙΑ	

72 - Ropa

```
Κ  Π  Δ  Ν  Σ  Σ  Γ  Τ  Ψ  Ξ  Ο  Φ  Ψ  Μ
Π  Ο  Δ  Ι  Ά  Κ  Α  Σ  Κ  Ό  Λ  Ό  Β  Π
Λ  Υ  Σ  Η  Π  Γ  Α  Ν  Ω  Ν  Ο  Ρ  Π  Λ
Π  Κ  Υ  Μ  Υ  Ί  Ε  Υ  Δ  Λ  Ω  Ε  Δ  Ο
Έ  Ά  Υ  Ξ  Ή  Δ  Π  Ψ  Ω  Ά  Ε  Μ  Ε  Ύ
Δ  Μ  Ω  Ξ  Η  Μ  Π  Ψ  Λ  Ί  Λ  Α  Β  Ζ
Π  Ι  Τ  Ζ  Ά  Μ  Α  Κ  Ν  Έ  Α  Ι  Ρ  Α
Π  Σ  Ρ  Ξ  Χ  Δ  Λ  Τ  Ο  Η  Ί  Ι  Α  Μ
Φ  Ο  Ύ  Σ  Τ  Α  Τ  Τ  Α  Λ  Ψ  Ο  Χ  Ό
Π  Α  Ν  Τ  Ε  Λ  Ό  Ν  Ι  Ί  Ι  Ι  Ι  Δ
Γ  Ά  Ν  Τ  Ι  Α  Ψ  Ξ  Ψ  Ξ  Ο  Έ  Ό  Α
Έ  Έ  Κ  Α  Π  Έ  Λ  Ο  Ο  Ε  Ο  Ν  Λ  Π
Χ  Γ  Σ  Δ  Ξ  Δ  Σ  Α  Κ  Ά  Κ  Ι  Ι  Ρ
Π  Ο  Υ  Λ  Ό  Β  Ε  Ρ  Ζ  Ώ  Ν  Η  Ξ  Ψ
```

ΠΑΛΤΟ	ΚΟΣΜΉΜΑΤΑ
ΜΠΛΟΎΖΑ	ΜΌΔΑ
ΚΑΣΚΌΛ	ΠΑΝΤΕΛΌΝΙ
ΠΟΥΚΆΜΙΣΟ	ΠΙΤΖΆΜΑ
ΣΑΚΆΚΙ	ΒΡΑΧΙΌΛΙ
ΖΏΝΗ	ΣΑΝΔΆΛΙΑ
ΚΟΛΙΈ	ΚΑΠΈΛΟ
ΠΟΔΙΆ	ΠΟΥΛΌΒΕΡ
ΦΟΎΣΤΑ	ΦΌΡΕΜΑ
ΓΆΝΤΙΑ	

73 - Meditación

Σ	Τ	Ά	Σ	Η	Σ	Ρ	Β	Ψ	Π	Μ	Κ	Ξ	Σ
Β	Α	Σ	Υ	Ν	Α	Ι	Σ	Θ	Ή	Μ	Α	Τ	Α
Ε	Ί	Φ	Ύ	Σ	Η	Α	Ι	Π	Δ	Δ	Λ	Σ	Μ
Υ	Η	Η	Ή	Υ	Δ	Γ	Π	Γ	Δ	Σ	Ο	Ι	Ο
Γ	Χ	Κ	Ί	Ν	Η	Σ	Η	Γ	Ρ	Σ	Σ	Ω	Π
Ν	Μ	Τ	Ο	Έ	Ε	Ι	Ρ	Ή	Ν	Η	Ύ	Π	Ρ
Ω	Ο	Μ	Χ	Σ	Η	Ι	Ρ	Ω	Ω	Β	Ν	Ή	Ο
Μ	Υ	Α	Λ	Ό	Λ	Ψ	Α	Ί	Υ	Ν	Η	Ί	Σ
Ο	Σ	Ψ	Ν	Π	Ρ	Ο	Ο	Π	Τ	Ι	Κ	Ή	Ο
Σ	Ι	Σ	Υ	Α	Σ	Υ	Μ	Π	Ό	Ν	Ι	Α	Χ
Ύ	Κ	Κ	Υ	Χ	Π	Ω	Α	Π	Ο	Δ	Ο	Χ	Ή
Ν	Ή	Έ	Έ	Β	Ι	Ν	Ξ	Η	Ρ	Ε	Μ	Ί	Α
Η	Ε	Ψ	Έ	Π	Ψ	Κ	Ο	Β	Β	Ο	Ψ	Ί	Ν
Α	Ν	Η	Ε	Γ	Γ	Δ	Ή	Ή	Μ	Έ	Ρ	Τ	Ι

ΑΠΟΔΟΧΉ
ΠΡΟΣΟΧΉ
ΚΑΛΟΣΎΝΗ
ΗΡΕΜΊΑ
ΣΑΦΉΝΕΙΑ
ΣΥΜΠΌΝΙΑ
ΣΥΝΑΙΣΘΉΜΑΤΑ
ΕΥΓΝΩΜΟΣΎΝΗ
ΨΥΧΙΚΉ
ΜΥΑΛΌ

ΚΊΝΗΣΗ
ΜΟΥΣΙΚΉ
ΦΎΣΗ
ΕΙΡΉΝΗ
ΣΚΈΨΗ
ΠΡΟΟΠΤΙΚΉ
ΣΤΆΣΗ
ΑΝΑΠΝΟΉ
ΣΙΩΠΉ

74 - Comedia

```
Δ  Ι  Α  Σ  Κ  Έ  Δ  Α  Σ  Η  Κ  Ε  Ρ  Η
Μ  Χ  Υ  Ρ  Η  Μ  Ε  Δ  Λ  Έ  Λ  Κ  Γ  Θ
Α  Ρ  Ε  Υ  Τ  Η  Ο  Δ  Έ  Ξ  Ό  Φ  Θ  Ο
Φ  Α  Β  Ι  Γ  Χ  Ι  Ο  Ύ  Μ  Ο  Ρ  Έ  Π
Ο  Κ  Σ  Τ  Ρ  Ν  Ξ  Μ  Ο  Ψ  Υ  Α  Α  Ο
Ρ  Ρ  Ι  Η  Ψ  Ο  Ε  Α  Δ  Π  Ν  Σ  Τ  Ι
Έ  Ο  Π  Λ  Γ  Α  Κ  Σ  Η  Ι  Έ  Τ  Ρ  Ό
Α  Α  Π  Ε  Β  Σ  Σ  Ρ  Γ  Έ  Λ  Ι  Ο  Σ
Σ  Τ  Α  Ό  Ο  Τ  Τ  Τ  Ό  Σ  Υ  Κ  Ο  Έ
Υ  Ή  Ρ  Ρ  Ξ  Ε  Χ  Α  Ε  Τ  Η  Ή  Χ  Χ
Ψ  Ρ  Ω  Α  Ο  Ί  Τ  Π  Ί  Ί  Η  Σ  Ξ  Ί
Ψ  Ι  Δ  Σ  Ψ  Α  Α  Ι  Δ  Μ  Ο  Μ  Α  Ί
Π  Ο  Ί  Η  Ί  Ρ  Π  Ψ  Ό  Δ  Μ  Ξ  Α  Η
Ω  Ο  Α  Μ  Ε  Υ  Έ  Ο  Σ  Χ  Η  Γ  Μ  Ο
```

ΦΟΡΈΑΣ	ΑΣΤΕΊΟ
ΗΘΟΠΟΙΌΣ	ΧΙΟΎΜΟΡ
ΧΕΙΡΟΚΡΌΤΗΜΑ	ΠΑΡΩΔΊΑ
ΑΚΡΟΑΤΉΡΙΟ	ΚΛΌΟΥΝ
ΑΣΤΕΊΑ	ΓΈΛΙΟ
ΔΙΑΣΚΈΔΑΣΗ	ΘΈΑΤΡΟ
ΕΚΦΡΑΣΤΙΚΉ	ΤΗΛΕΌΡΑΣΗ
ΕΊΔΟΣ	

75 - Libros

```
Δ  Υ  Α  Δ  Ι  Κ  Ό  Τ  Η  Τ  Α  Ι  Π  Ι
Γ  Α  Ν  Α  Γ  Ν  Ώ  Σ  Τ  Η  Σ  Σ  Ο  Σ
Ν  Ρ  Έ  Λ  Σ  Χ  Ε  Τ  Ι  Κ  Ή  Τ  Ί  Τ
Π  Λ  Α  Α  Φ  Η  Γ  Η  Τ  Ή  Σ  Ο  Η  Ο
Χ  Ο  Δ  Π  Τ  Ρ  Α  Γ  Ι  Κ  Ή  Ρ  Σ  Ρ
Γ  Έ  Ί  Λ  Τ  Μ  Ε  Α  Ι  Π  Ρ  Ί  Η  Ι
Γ  Χ  Δ  Η  Χ  Ή  Σ  Ε  Λ  Ί  Δ  Α  Ε  Κ
Χ  Ι  Ο  Υ  Μ  Ο  Ρ  Ι  Σ  Τ  Ι  Κ  Ό  Ό
Σ  Υ  Γ  Γ  Ρ  Α  Φ  Έ  Α  Σ  Ε  Ι  Ρ  Ά
Μ  Υ  Θ  Ι  Σ  Τ  Ό  Ρ  Η  Μ  Α  Ε  Β  Ι
Α  Ε  Φ  Ε  Υ  Ρ  Ε  Τ  Ι  Κ  Ή  Ν  Σ  Ι
Π  Ε  Ρ  Ι  Π  Έ  Τ  Ε  Ι  Α  Δ  Ε  Δ  Ρ
Ω  Ψ  Ω  Ξ  Σ  Υ  Λ  Λ  Ο  Γ  Ή  Δ  Ξ  Ρ
Ν  Α  Α  Ο  Γ  Λ  Π  Λ  Α  Ί  Σ  Ι  Ο  Ψ
```

ΣΥΓΓΡΑΦΈΑΣ
ΠΕΡΙΠΈΤΕΙΑ
ΣΥΛΛΟΓΉ
ΠΛΑΊΣΙΟ
ΔΥΑΔΙΚΌΤΗΤΑ
ΓΡΑΠΤΉ
ΙΣΤΟΡΊΑ
ΙΣΤΟΡΙΚΌ
ΧΙΟΥΜΟΡΙΣΤΙΚΌ
ΕΦΕΥΡΕΤΙΚΉ

ΑΝΑΓΝΏΣΤΗΣ
ΑΦΗΓΗΤΉΣ
ΜΥΘΙΣΤΌΡΗΜΑ
ΣΕΛΊΔΑ
ΣΧΕΤΙΚΉ
ΠΟΊΗΜΑ
ΠΟΊΗΣΗ
ΣΕΙΡΆ
ΤΡΑΓΙΚΉ

76 - Nutrición

```
Θ  Ι  Ο  Τ  Ζ  Ν  Π  Ο  Ι  Ό  Τ  Η  Τ  Α
Ρ  Ί  Β  Ρ  Υ  Ύ  Δ  Ψ  Σ  Ο  Ο  Τ  Ψ  Ψ
Ε  Α  Ξ  Έ  Γ  Έ  Μ  Α  Ί  Π  Ξ  Δ  Γ  Ο
Π  Β  Σ  Χ  Ί  Μ  Ξ  Ω  Ψ  Έ  Ί  Η  Β  Ψ
Τ  Σ  Ρ  Ω  Ζ  Π  Δ  Β  Σ  Ψ  Ν  Μ  Β  Τ
Ι  Λ  Ό  Λ  Ω  Ξ  Ε  Γ  Ί  Η  Η  Η  Ν  Ν
Κ  Θ  Ε  Ρ  Μ  Ι  Δ  Ε  Σ  Ά  Λ  Τ  Σ  Α
Ή  Χ  Υ  Γ  Ε  Ί  Α  Ύ  Α  Σ  Α  Ρ  Ξ  Λ
Λ  Υ  Υ  Α  Έ  Ξ  Χ  Σ  Ρ  Ρ  Ψ  Ι  Π  Ο
Μ  Π  Υ  Γ  Ί  Ή  Η  Η  Ν  Ω  Ω  Α  Β  Τ
Δ  Ι  Α  Τ  Ρ  Ο  Φ  Ή  Μ  Ψ  Ε  Κ  Π  Ο
Ω  Κ  Η  Υ  Ω  Ά  Λ  Α  Ψ  Ω  Η  Ά  Ψ  Χ
Β  Ρ  Ώ  Σ  Ι  Μ  Α  Χ  Λ  Ι  Η  Λ  Β  Μ
Ε  Ή  Π  Ρ  Ω  Τ  Ε  Ϊ  Ν  Ε  Σ  Ε  Γ  Ε
```

ΠΙΚΡΉ	ΥΓΡΆ
ΌΡΕΞΗ	ΘΡΕΠΤΙΚΉ
ΠΟΙΌΤΗΤΑ	ΖΥΓΊΖΩ
ΘΕΡΜΙΔΕΣ	ΠΡΩΤΕΪΝΕΣ
ΔΗΜΗΤΡΙΑΚΆ	ΓΕΎΣΗ
ΒΡΏΣΙΜΑ	ΣΆΛΤΣΑ
ΔΙΑΤΡΟΦΉ	ΥΓΕΊΑ
ΠΈΨΗ	ΥΓΊΉ
ΖΎΜΩΣΗ	ΤΟΞΊΝΗ

77 - Edificios

Α	Χ	Υ	Ρ	Ώ	Ν	Α	Σ	Χ	Ο	Λ	Ε	Ί	Ο
Ε	Ρ	Γ	Α	Σ	Τ	Ή	Ρ	Ι	Ο	Γ	Ρ	Δ	Ξ
Ξ	Ε	Ν	Ο	Δ	Ο	Χ	Ε	Ί	Ο	Κ	Γ	Ι	Ε
Θ	Μ	Σ	Η	Τ	Μ	Υ	Μ	Κ	Ω	Α	Ο	Α	Ν
Έ	Υ	Ά	Τ	Η	Α	Χ	Σ	Ά	Χ	Ρ	Σ	Μ	Ώ
Α	Έ	Ε	Ρ	Ά	Λ	Δ	Υ	Σ	Ω	Ά	Τ	Έ	Ν
Τ	Γ	Π	Υ	Κ	Δ	Λ	Λ	Τ	Ν	Ζ	Ά	Ρ	Α
Ρ	Ε	Ρ	Β	Γ	Ε	Ι	Τ	Ρ	Λ	Γ	Σ	Ι	Σ
Ο	Ι	Ε	Ό	Σ	Ο	Τ	Ο	Ο	Ρ	Ψ	Ι	Σ	Τ
Ν	Ο	Σ	Ο	Κ	Ο	Μ	Ε	Ί	Ο	Α	Ο	Μ	Μ
Β	Μ	Β	Ν	Ν	Τ	Π	Ύ	Ρ	Γ	Ο	Σ	Α	Ξ
Ω	Ψ	Ε	Η	Π	Ω	Η	Κ	Α	Μ	Π	Ί	Ν	Α
Έ	Ε	Ί	Έ	Ε	Ω	Δ	Μ	Ο	Υ	Σ	Ε	Ί	Ο
Ω	Α	Α	Ξ	Υ	Χ	Ψ	Ι	Α	Σ	Ρ	Μ	Ω	Ω

ΞΕΝΏΝΑΣ
ΔΙΑΜΈΡΙΣΜΑ
ΚΑΜΠΊΝΑ
ΚΆΣΤΡΟ
ΠΡΕΣΒΕΊΑ
ΣΧΟΛΕΊΟ
ΣΤΆΔΙΟ
ΕΡΓΟΣΤΆΣΙΟ
ΓΚΑΡΆΖ

ΑΧΥΡΏΝΑ
ΑΓΡΌΚΤΗΜΑ
ΝΟΣΟΚΟΜΕΊΟ
ΞΕΝΟΔΟΧΕΊΟ
ΕΡΓΑΣΤΉΡΙΟ
ΜΟΥΣΕΊΟ
ΜΆΡΚΕΤ
ΘΈΑΤΡΟ
ΠΎΡΓΟΣ

78 - Océano

```
Ρ  Β  Ψ  Ι  Ω  Χ  Τ  Π  Α  Β  Ω  Υ  Α  Χ
Σ  Ψ  Ο  Ά  Β  Έ  Η  Α  Τ  Ά  Υ  Ρ  Κ  Ε
Α  Ω  Έ  Ο  Ρ  Λ  Ε  Λ  Δ  Ρ  Ω  Β  Α  Λ
Έ  Γ  Ε  Ι  Έ  Ι  Χ  Ί  Η  Κ  Π  Μ  Τ  Ώ
Σ  Φ  Ο  Υ  Γ  Γ  Ά  Ρ  Ι  Α  Κ  Έ  Α  Ν
Β  Α  Ά  Ξ  Έ  Ρ  Α  Ρ  Έ  Η  Ο  Δ  Ι  Α
Π  Ξ  Λ  Λ  Ψ  Ν  Ε  Ο  Έ  Ί  Ρ  Ο  Γ  Β
Έ  Ί  Γ  Δ  Α  Δ  Έ  Ι  Υ  Σ  Ά  Υ  Ί  Λ
Ι  Μ  Η  Υ  Β  Ι  Ε  Α  Ε  Τ  Λ  Σ  Δ  Γ
Τ  Ό  Ν  Ο  Σ  Β  Ν  Λ  Ι  Ρ  Λ  Ε  Α  Α
Χ  Τ  Α  Π  Ό  Δ  Ι  Α  Φ  Ε  Ι  Σ  Ν  Ρ
Κ  Α  Ρ  Χ  Α  Ρ  Ί  Α  Σ  Ί  Π  Ο  Ν  Ί
Α  Λ  Ά  Τ  Ι  Ε  Η  Γ  Ε  Δ  Ν  Η  Δ  Δ
Κ  Α  Β  Ο  Ύ  Ρ  Ι  Σ  Μ  Ι  Ε  Ι  Ί  Α
```

ΆΛΓΗ	ΣΦΟΥΓΓΆΡΙ
ΧΈΛΙ	ΠΑΛΊΡΡΟΙΑ
ΞΈΡΑ	ΜΈΔΟΥΣΕΣ
ΤΌΝΟΣ	ΣΤΡΕΊΔΙ
ΦΆΛΑΙΝΑ	ΨΆΡΙ
ΒΆΡΚΑ	ΧΤΑΠΌΔΙ
ΓΑΡΊΔΑ	ΑΛΆΤΙ
ΚΑΒΟΎΡΙ	ΚΑΡΧΑΡΊΑΣ
ΚΟΡΆΛΛΙ	ΚΑΤΑΙΓΊΔΑ
ΔΕΛΦΊΝΙ	ΧΕΛΏΝΑ

79 - Ciudad

Α	Ε	Ρ	Ο	Δ	Ρ	Ό	Μ	Ι	Ο	Α	Β	Α	Β
Σ	Υ	Λ	Λ	Ο	Γ	Ή	Γ	Θ	Π	Π	Ι	Ν	Ι
Α	Σ	Β	Έ	Π	Τ	Τ	Γ	Έ	Α	Ο	Β	Ο	Β
Μ	Ο	Υ	Σ	Ε	Ί	Ο	Ρ	Α	Ν	Θ	Λ	Ο	Λ
Φ	Υ	Μ	Α	Δ	Σ	Ρ	Κ	Τ	Ε	Η	Ι	Π	Ι
Ο	Α	Ά	Β	Ξ	Ί	Τ	Λ	Ρ	Π	Κ	Ο	Ω	Ο
Ο	Μ	Ρ	Σ	Τ	Ά	Δ	Ι	Ο	Ι	Ε	Θ	Λ	Π
Ι	Β	Κ	Μ	Έ	Ε	Ν	Ν	Α	Σ	Ύ	Ή	Ε	Ω
Ι	Ί	Ε	Έ	Α	Ε	Δ	Ι	Γ	Τ	Ω	Κ	Ί	Λ
Υ	Σ	Τ	Λ	Ι	Κ	Α	Κ	Ο	Ή	Ό	Η	Ο	Ε
Έ	Χ	Ο	Α	Ι	Ν	Ε	Ή	Ρ	Μ	Μ	Ρ	Έ	Ί
Τ	Ρ	Ά	Π	Ε	Ζ	Α	Ί	Ά	Ι	Ο	Ε	Ι	Ο
Σ	Χ	Ο	Λ	Ε	Ί	Ο	Π	Ο	Ο	Ψ	Ω	Ο	Ο
Α	Ρ	Τ	Ο	Π	Ο	Ι	Ε	Ί	Ο	Ί	Ι	Ί	Λ

ΑΕΡΟΔΡΌΜΙΟ
ΤΡΆΠΕΖΑ
ΒΙΒΛΙΟΘΉΚΗ
ΚΛΙΝΙΚΉ
ΣΧΟΛΕΊΟ
ΣΤΆΔΙΟ
ΦΑΡΜΑΚΕΊΟ
ΑΝΘΟΠΩΛΕΊΟ
ΣΥΛΛΟΓΉ

ΒΙΒΛΙΟΠΩΛΕΊΟ
ΑΓΟΡΆ
ΜΟΥΣΕΊΟ
ΑΡΤΟΠΟΙΕΊΟ
ΕΣΤΙΑΤΌΡΙΟ
ΜΆΡΚΕΤ
ΘΈΑΤΡΟ
ΑΠΟΘΗΚΕΎΩ
ΠΑΝΕΠΙΣΤΉΜΙΟ

80 - Campeonato

```
Φ  Δ  Σ  Χ  Ι  Α  Λ  Ρ  Π  Έ  Ξ  Λ  Γ  Ρ
Ν  Ι  Β  Μ  Μ  Τ  Ο  Υ  Ρ  Ν  Ο  Υ  Ά  Π
Π  Κ  Ν  Ο  Μ  Ά  Δ  Α  Ο  Ω  Ι  Γ  Κ  Ρ
Α  Α  Σ  Α  Έ  Α  Α  Λ  Π  Σ  Ι  Ε  Ί  Ω
Ι  Σ  Υ  Π  Λ  Ε  Θ  Ι  Ο  Η  Α  Υ  Ν  Τ
Χ  Τ  Ε  Ό  Ε  Ί  Ι  Λ  Ν  Μ  Ί  Ρ  Η  Α
Ν  Ή  Φ  Δ  Γ  Γ  Σ  Υ  Η  Ε  Ο  Ξ  Τ  Θ
Ί  Σ  Ί  Ο  Σ  Τ  Ο  Τ  Τ  Τ  Η  Ι  Ρ  Λ
Δ  Π  Δ  Σ  Ω  Υ  Α  Ε  Ή  Ά  Ι  Π  Ο  Η
Ι  Ν  Ρ  Η  Λ  Δ  Γ  Έ  Σ  Λ  Ν  Κ  Π  Τ
Α  Α  Ω  Λ  Χ  Λ  Υ  Υ  Ψ  Λ  Η  Ί  Ή  Ή
Π  Β  Σ  Τ  Ρ  Α  Τ  Η  Γ  Ι  Κ  Ή  Κ  Σ
Υ  Δ  Η  Ξ  Ρ  Β  Ψ  Μ  Ι  Ο  Ξ  Τ  Λ  Η
Β  Ξ  Β  Δ  Π  Ψ  Α  Ν  Τ  Ο  Χ  Ή  Ί  Π
```

ΠΡΩΤΑΘΛΗΤΉΣ	ΈΝΩΣΗ
ΑΘΛΗΤΙΚΉ	ΜΕΤΆΛΛΙΟ
ΠΡΟΠΟΝΗΤΉΣ	ΚΊΝΗΤΡΟ
ΟΜΆΔΑ	ΑΠΌΔΟΣΗ
ΣΤΡΑΤΗΓΙΚΉ	ΑΝΤΟΧΉ
ΦΙΝΑΛΊΣΤ	ΤΟΥΡΝΟΥΆ
ΠΑΙΧΝΊΔΙΑ	ΕΦΊΔΡΩΣΗ
ΔΙΚΑΣΤΉΣ	ΝΊΚΗ

81 - Actividades y Ocio

```
Ρ  Ν  Χ  Ε  Κ  Β  Σ  Κ  Ω  Τ  Β  Υ  Η  Δ
Ω  Χ  Ψ  Ό  Ά  Γ  Έ  Α  Λ  Γ  Έ  Β  Λ  Ψ
Ψ  Ά  Ρ  Ε  Μ  Α  Ρ  Τ  Ξ  Κ  Λ  Ν  Α  Ι
Μ  Π  Κ  Κ  Π  Π  Φ  Α  Π  Ο  Β  Έ  Ι  Υ
Π  Ε  Ο  Η  Ι  Β  Ι  Δ  Ο  Λ  Ν  Ι  Ξ  Σ
Έ  Ζ  Λ  Π  Ν  Ό  Ν  Ύ  Δ  Φ  Μ  Α  Τ  Μ
Ι  Ο  Ύ  Ο  Γ  Λ  Γ  Σ  Ό  Ω  Τ  Π  Η  Γ
Ζ  Π  Μ  Υ  Κ  Ε  Κ  Ε  Σ  Α  Α  Υ  Ο  Η
Μ  Ο  Β  Ρ  Ι  Ϊ  Ψ  Ι  Φ  Ψ  Α  Ψ  Ω  Ξ
Π  Ρ  Η  Ι  Ι  Ε  Έ  Σ  Α  Τ  Έ  Χ  Ν  Η
Ο  Ί  Σ  Κ  Ψ  Ί  Χ  Μ  Ι  Ί  Χ  Μ  Η  Ε
Λ  Α  Η  Ή  Ο  Ζ  Ω  Γ  Ρ  Α  Φ  Ι  Κ  Ή
Τ  Α  Ξ  Ί  Δ  Ι  Ψ  Α  Ο  Χ  Χ  Δ  Χ
Ω  Γ  Ε  Ω  Ψ  Ν  Μ  Π  Ά  Σ  Κ  Ε  Τ  Ρ
```

ΧΌΜΠΙ	ΚΗΠΟΥΡΙΚΉ
ΤΈΧΝΗ	ΚΟΛΎΜΒΗΣΗ
ΜΠΆΣΚΕΤ	ΨΆΡΕΜΑ
ΜΠΈΙΖΜΠΟΛ	ΖΩΓΡΑΦΙΚΉ
ΜΠΟΞ	ΠΕΖΟΠΟΡΊΑ
ΚΑΤΑΔΎΣΕΙΣ	ΣΈΡΦΙΝΓΚ
ΚΆΜΠΙΝΓΚ	ΤΈΝΙΣ
ΠΟΔΌΣΦΑΙΡΟ	ΤΑΞΊΔΙ
ΓΚΟΛΦ	ΒΌΛΕΪ

82 - Comida #1

Α	Ί	Ν	Χ	Σ	Σ	Σ	Κ	Ό	Ρ	Δ	Ο	Λ	Ξ
Ο	Λ	Μ	Ψ	Ο	Ί	Κ	Ρ	Ε	Μ	Μ	Ύ	Δ	Ι
Έ	Σ	Ά	Λ	Χ	Χ	Α	Έ	Γ	Έ	Η	Β	Κ	Σ
Μ	Ρ	Ν	Τ	Τ	Ί	Τ	Α	Υ	Μ	Β	Α	Ρ	Α
Κ	Έ	Α	Η	Ι	Φ	Ω	Σ	Ω	Γ	Υ	Σ	Ι	Λ
Α	Ψ	Ν	Β	Β	Ρ	Λ	Ε	Μ	Ό	Ν	Ι	Θ	Ά
Ρ	Μ	Ι	Τ	Ζ	Ά	Χ	Α	Ρ	Η	Χ	Λ	Ά	Τ
Ό	Β	Ρ	Ξ	Α	Ο	Δ	Γ	Ι	Ψ	Α	Ι	Ρ	Α
Τ	Ό	Ν	Ο	Σ	Υ	Μ	Κ	Ο	Λ	Λ	Κ	Ι	Ρ
Ο	Λ	Ε	Μ	Ο	Λ	Ω	Α	Γ	Γ	Γ	Ο	Ξ	Ρ
Χ	Υ	Μ	Ό	Σ	Α	Β	Ν	Ρ	Η	Γ	Ύ	Ε	Ο
Σ	Ο	Ύ	Π	Α	Ψ	Μ	Έ	Π	Σ	Ρ	Ύ	Α	Υ
Σ	Π	Α	Ν	Ά	Κ	Ι	Λ	Τ	Τ	Ί	Δ	Λ	Ε
Γ	Ά	Λ	Α	Σ	Π	Ν	Α	Χ	Λ	Ά	Δ	Ι	Ι

ΣΚΌΡΔΟ
ΒΑΣΙΛΙΚΟΎ
ΤΌΝΟΣ
ΖΆΧΑΡΗ
ΚΑΝΈΛΑ
ΚΡΈΑΣ
ΚΡΙΘΆΡΙ
ΚΡΕΜΜΎΔΙ
ΣΑΛΆΤΑ
ΣΠΑΝΆΚΙ

ΦΡΆΟΥΛΑ
ΧΥΜΌΣ
ΓΆΛΑ
ΛΕΜΌΝΙ
ΜΈΝΤΑ
ΓΟΓΓΎΛΙ
ΑΧΛΆΔΙ
ΑΛΆΤΙ
ΣΟΎΠΑ
ΚΑΡΌΤΟ

83 - Virtudes #1

Α	Π	Ε	Ρ	Ί	Ε	Ρ	Γ	Ο	Σ	Έ	Ε	Ν	Α
Δ	Π	Ω	Μ	Ε	Λ	Ε	Α	Χ	Ο	Α	Υ	Σ	Ν
Χ	Μ	Ο	Ε	Λ	Ψ	Κ	Σ	Ρ	Φ	Ξ	Φ	Π	Ε
Μ	Ί	Ω	Φ	Ν	Ί	Α	Τ	Ή	Ό	Ι	Ά	Ρ	Ξ
Γ	Έ	Ο	Σ	Α	Ο	Λ	Ε	Σ	Σ	Ό	Ν	Α	Ά
Ο	Ί	Τ	Η	Ί	Σ	Λ	Ί	Ι	Π	Τ	Κ	Ρ
Η	Έ	Π	Ρ	Ν	Έ	Ι	Ο	Μ	Ί	Ι	Α	Τ	Τ
Τ	Ω	Ψ	Α	Ι	Γ	Τ	Σ	Η	Ξ	Σ	Σ	Ι	Η
Ε	Ο	Ξ	Α	Ι	Ο	Ε	Σ	Τ	Υ	Τ	Τ	Κ	Τ
Υ	Ω	Ι	Β	Υ	Λ	Χ	Σ	Ί	Ι	Ο	Η	Ή	Η
Τ	Ο	Ρ	Ί	Ν	Π	Ν	Κ	Π	Χ	Κ	Σ	Τ	Μ
Ι	Ί	Ε	Α	Ν	Ί	Ι	Ν	Α	Ί	Ο	Ή	Π	Ν
Κ	Α	Θ	Α	Ρ	Ό	Κ	Έ	Α	Λ	Δ	Ι	Π	Ν
Ό	Μ	Χ	Π	Ι	Ξ	Ή	Π	Χ	Ί	Ή	Έ	Ψ	Ω

KAΛΛITEXNIKΉ   EYΦΆNTAΣTH
KAΛΉ   ANEΞΆPTHTH
ΠΕΡΊΕΡΓΟΣ   KAΘAPΌ
AΠOΦAΣIΣTIKΉ   ΜΈΤΡΙΟ
ΓΟΗΤΕΥΤΙΚΌ   ΠΡΑΚΤΙΚΉ
ΑΞΙΌΠΙΣΤΟ   ΣΟΦΌΣ
ΑΣΤΕΊΟ   ΧΡΉΣΙΜΗ

84 - Literatura

```
Φ  Α  Σ  Μ  Υ  Θ  Ι  Σ  Τ  Ό  Ρ  Η  Μ  Α
Α  Φ  Ο  Υ  Α  Ν  Ά  Λ  Υ  Σ  Η  Β  Β  Ν
Ν  Η  Έ  Ω  Γ  Ν  Έ  Ϊ  Ο  Ω  Λ  Μ  Ι  Έ
Τ  Γ  Μ  Λ  Ψ  Γ  Α  Μ  Χ  Σ  Ν  Α  Ο  Κ
Α  Η  Τ  Ψ  Χ  Σ  Ρ  Λ  Ϊ  Ο  Έ  Η  Γ  Δ
Σ  Τ  Υ  Λ  Ρ  Έ  Ύ  Α  Ο  Τ  Σ  Ο  Ρ  Ο
Ϊ  Ή  Ω  Ρ  Α  Ι  Η  Γ  Φ  Γ  Υ  Α  Α  Τ
Α  Σ  Η  Υ  Ω  Η  Τ  Ψ  Κ  Έ  Ϊ  Ν  Φ  Ο
Δ  Α  Α  Θ  Ρ  Π  Γ  Ι  Έ  Ρ  Α  Α  Ϊ  Δ
Γ  Ν  Ώ  Μ  Η  Ο  Σ  Ρ  Ω  Α  Ι  Σ  Α  Λ
Ξ  Ω  Δ  Ο  Ϊ  Ϊ  Υ  Λ  Ν  Υ  Η  Σ  Μ  Η
Ο  Ε  Β  Ύ  Β  Η  Λ  Ν  Λ  Ω  Δ  Τ  Η  Χ
Ε  Ϊ  Σ  Θ  Έ  Μ  Α  Β  Ε  Μ  Σ  Ν  Ξ  Α
Τ  Μ  Λ  Α  Η  Α  Δ  Ι  Ά  Λ  Ο  Γ  Ο  Σ
```

ΑΝΑΛΟΓΊΑ
ΑΝΆΛΥΣΗ
ΑΝΈΚΔΟΤΟ
ΣΥΓΓΡΑΦΈΑΣ
ΒΙΟΓΡΑΦΊΑ
ΣΎΓΚΡΙΣΗ
ΔΙΆΛΟΓΟΣ
ΣΤΥΛ

ΦΑΝΤΑΣΊΑ
ΑΦΗΓΗΤΉΣ
ΜΥΘΙΣΤΌΡΗΜΑ
ΓΝΏΜΗ
ΠΟΊΗΜΑ
ΡΥΘΜΟΎ
ΘΈΜΑ

85 - Baño

```
Σ  Π  Τ  Ψ  Ω  Υ  Ν  Ά  Ο  Α  Ψ  Τ  Γ  Τ
Φ  Υ  Σ  Α  Λ  Ί  Δ  Α  Ρ  Ι  Η  Ν  Ο  Τ
Ο  Μ  Η  Σ  Κ  Υ  Ρ  Ι  Λ  Ω  Έ  Έ  Ι  Ί
Υ  Τ  Σ  Α  Α  Ε  Λ  Ι  Ψ  Λ  Μ  Τ  Σ  Γ
Γ  Γ  Λ  Μ  Θ  Η  Ν  Ξ  Η  Ί  Υ  Α  Η  Μ
Γ  Ψ  Λ  Π  Ρ  Ψ  Π  Ξ  Ί  Ω  Ν  Ω  Α  Μ
Ά  Α  Λ  Ο  Ε  Μ  Π  Ά  Ν  Ι  Ο  Ξ  Α  Ε
Ρ  Λ  Ο  Υ  Φ  Ν  Ε  Σ  Α  Π  Ο  Ύ  Ν  Ι
Ι  Ί  Σ  Ά  Τ  Ί  Τ  Π  Ω  Η  Χ  Α  Ε  Β
Ι  Δ  Ι  Ν  Η  Τ  Σ  Ο  Ν  Ν  Α  Τ  Ρ  Ρ
Ρ  Ι  Ό  Ι  Σ  Α  Έ  Ί  Υ  Γ  Λ  Μ  Ό  Ύ
Δ  Π  Ν  Σ  Ρ  Τ  Τ  Ρ  Ο  Σ  Ί  Ο  Ξ  Σ
Έ  Ν  Ψ  Τ  Ο  Υ  Α  Λ  Έ  Τ  Α  Ύ  Β  Η
Τ  Μ  Ι  Λ  Ρ  Υ  Β  Π  Π  Ε  Δ  Ξ  Ω  Ν
```

ΝΕΡΌ	ΣΦΟΥΓΓΆΡΙ
ΧΑΛΊ	ΒΡΎΣΗ
ΤΟΥΑΛΈΤΑ	ΣΑΠΟΎΝΙ
ΜΠΆΝΙΟ	ΛΟΣΙΌΝ
ΦΥΣΑΛΊΔΑ	ΆΡΩΜΑ
ΣΑΜΠΟΥΆΝ	ΨΑΛΊΔΙ
ΝΤΟΥΣ	ΠΕΤΣΈΤΑ
ΚΑΘΡΕΦΤΗΣ	ΑΤΜΟΎ

86 - Clima

```
Ο  Τ  Α  Τ  Μ  Ό  Σ  Φ  Α  Ι  Ρ  Α  Ν  Π
Υ  Ρ  Κ  Α  Τ  Α  Ι  Γ  Ί  Δ  Α  Π  Γ  Ξ
Ρ  Ο  Α  Ε  Ρ  Ά  Κ  Ι  Π  Ά  Γ  Ο  Σ  Κ
Α  Π  Ο  Π  Τ  Ξ  Χ  Β  Ρ  Ο  Ν  Τ  Ή  Λ
Ν  Ι  Υ  Β  Β  Η  Η  Μ  Ο  Λ  Λ  Ω  Ο  Ί
Ό  Κ  Ο  Ξ  Η  Ρ  Α  Σ  Ί  Α  Υ  Ι  Υ  Μ
Σ  Ή  Ο  Μ  Ν  Ό  Η  Ρ  Ε  Μ  Ί  Α  Κ  Α
Ά  Ύ  Ξ  Π  Ί  Ψ  Ο  Ρ  Τ  Δ  Χ  Σ  Π  Ή
Ν  Υ  Ν  Χ  Ω  Χ  Έ  Α  Η  Σ  Ξ  Τ  Υ  Ί
Ε  Η  Ν  Ν  Υ  Π  Λ  Η  Μ  Μ  Ύ  Ρ  Α  Ω
Μ  Ρ  Έ  Ω  Ε  Ι  Η  Η  Ε  Ν  Ξ  Α  Λ  Ο
Ο  Δ  Γ  Ω  Ί  Φ  Μ  Β  Τ  Τ  Δ  Π  Ν  Ψ
Σ  Ξ  Ι  Ε  Γ  Χ  Ο  Υ  Ί  Ω  Α  Ή  Π  Δ
Σ  Θ  Ε  Ρ  Μ  Ο  Κ  Ρ  Α  Σ  Ί  Α  Ν  Χ
```

ΑΤΜΌΣΦΑΙΡΑ	ΠΟΛΙΚΉ
ΑΕΡΆΚΙ	ΑΣΤΡΑΠΉ
ΗΡΕΜΊΑ	ΞΗΡΌ
ΟΥΡΑΝΌΣ	ΞΗΡΑΣΊΑ
ΚΛΊΜΑ	ΘΕΡΜΟΚΡΑΣΊΑ
ΠΆΓΟΣ	ΚΑΤΑΙΓΊΔΑ
ΠΛΗΜΜΎΡΑ	ΤΡΟΠΙΚΉ
ΟΜΊΧΛΗ	ΒΡΟΝΤΉ
ΣΎΝΝΕΦΟ	ΆΝΕΜΟΣ

87 - Comida #2

```
Μ  Ε  Λ  Ι  Τ  Ζ  Ά  Ν  Α  Μ  Α  Η  Σ  Δ
Ν  Τ  Ο  Μ  Ά  Τ  Α  Έ  Σ  Ή  Κ  Λ  Ι  Μ
Τ  Χ  Δ  Ε  Δ  Έ  Ο  Χ  Ο  Λ  Τ  Ι  Τ  Π
Ο  Υ  Γ  Π  Τ  Π  Τ  Β  Κ  Ο  Ι  Ο  Ά  Α
Ε  Ν  Ρ  Ι  Η  Ζ  Υ  Γ  Ο  Υ  Ν  Τ  Ρ  Ν
Ι  Λ  Ο  Ί  Τ  Β  Ί  Α  Λ  Η  Ί  Ρ  Ι  Ά
Σ  Τ  Α  Φ  Ύ  Λ  Ι  Ν  Ά  Μ  Δ  Ό  Η  Ν
Α  Γ  Κ  Ι  Ν  Ά  Ρ  Α  Τ  Ε  Ι  Π  Κ  Α
Ρ  Ι  Ρ  Ί  Ψ  Ω  Μ  Ί  Α  Ζ  Ο  Ι  Ε  Η
Γ  Ι  Α  Ο  Ύ  Ρ  Τ  Ι  Ω  Μ  Ε  Ο  Ρ  Γ
Ξ  Τ  Ο  Σ  Τ  Π  Μ  Α  Δ  Ψ  Έ  Ρ  Ά  Σ
Α  Μ  Ύ  Γ  Δ  Α  Λ  Ο  Υ  Τ  Ρ  Ύ  Σ  Μ
Κ  Ο  Τ  Ό  Π  Ο  Υ  Λ  Ο  Γ  Α  Ζ  Ι  Η
Σ  Έ  Λ  Ι  Ν  Ο  Β  Υ  Ν  Ι  Ό  Ι  Γ  Ψ
```

ΑΓΚΙΝΆΡΑ	ΑΚΤΙΝΊΔΙΟ
ΑΜΎΓΔΑΛΟ	ΜΉΛΟ
ΣΈΛΙΝΟ	ΨΩΜΊ
ΡΎΖΙ	ΜΠΑΝΆΝΑ
ΜΕΛΙΤΖΆΝΑ	ΚΟΤΌΠΟΥΛΟ
ΚΕΡΆΣΙ	ΤΥΡΊ
ΣΟΚΟΛΆΤΑ	ΝΤΟΜΆΤΑ
ΗΛΙΟΤΡΌΠΙΟ	ΣΙΤΆΡΙ
ΑΥΓΌ	ΣΤΑΦΎΛΙ
ΤΖΊΝΤΖΕΡ	ΓΙΑΟΎΡΤΙ

88 - Castillos

```
Α  Δ  Ο  Φ  Τ  Ί  Τ  Ο  Ί  Χ  Ο  Σ  Η  Γ
Υ  Γ  Υ  Ω  Ε  Ά  Σ  Τ  Έ  Μ  Μ  Α  Ν  Έ
Τ  Ι  Δ  Ν  Β  Ο  Φ  Ρ  Ο  Ύ  Ρ  Ι  Ο  Χ
Ο  Ν  Β  Π  Α  Χ  Υ  Ρ  Π  Ύ  Ρ  Γ  Ο  Σ
Κ  Β  Ά  Α  Τ  Σ  Υ  Δ  Ο  Χ  Ε  Ε  Ω  Ω
Ρ  Α  Λ  Λ  Α  Π  Τ  Γ  Α  Σ  Π  Ί  Δ  Α
Α  Σ  Ο  Ά  Χ  Α  Α  Ε  Δ  Ρ  Ά  Κ  Ο  Σ
Τ  Ί  Γ  Τ  Ι  Θ  Π  Β  Ί  Η  Χ  Ρ  Χ  Λ
Ο  Λ  Ο  Ι  Υ  Ί  Ν  Ρ  Ε  Α  Γ  Ι  Π  Π
Ρ  Ε  Κ  Α  Τ  Α  Π  Έ  Λ  Τ  Η  Σ  Κ  Ί
Ί  Ι  Π  Ρ  Ι  Γ  Κ  Ί  Π  Ι  Σ  Σ  Α  Ή
Α  Ο  Ε  Υ  Γ  Ε  Ν  Ή  Σ  Σ  Ψ  Ί  Υ  Γ
Π  Ρ  Ί  Γ  Κ  Ι  Π  Α  Σ  Γ  Γ  Χ  Α  Ι
Ι  Π  Π  Ό  Τ  Η  Σ  Η  Ε  Ί  Π  Ο  Ο  Ψ
```

ΙΠΠΌΤΗΣ
ΆΛΟΓΟ
ΚΑΤΑΠΈΛΤΗΣ
ΣΤΈΜΜΑ
ΔΥΝΑΣΤΕΊΑ
ΔΡΆΚΟΣ
ΑΣΠΊΔΑ
ΣΠΑΘΊ
ΦΕΟΥΔΑΡΧΙΚΉ
ΦΡΟΎΡΙΟ

ΤΆΦΡΟΣ
ΑΥΤΟΚΡΑΤΟΡΊΑ
ΕΥΓΕΝΉΣ
ΠΑΛΆΤΙ
ΤΟΊΧΟΣ
ΠΡΙΓΚΊΠΙΣΣΑ
ΠΡΊΓΚΙΠΑΣ
ΒΑΣΊΛΕΙΟ
ΠΎΡΓΟΣ

89 - Arte

Ψ	Ε	Μ	Π	Ν	Ε	Υ	Σ	Μ	Έ	Ν	Η	Β	Δ
Π	Ρ	Ο	Σ	Ω	Π	Ι	Κ	Ό	Κ	Τ	Δ	Ί	Η
Ζ	Ω	Γ	Ρ	Α	Φ	Ι	Κ	Ή	Φ	Λ	Η	Τ	Τ
Γ	Ε	Α	Ρ	Χ	Ι	Κ	Ή	Γ	Ρ	Τ	Μ	Π	Α
Λ	Ί	Σ	Σ	Δ	Έ	Κ	Ε	Ρ	Α	Μ	Ι	Κ	Ή
Υ	Ξ	Ο	Ύ	Σ	Ύ	Ν	Θ	Ε	Σ	Η	Ο	Μ	Β
Π	Π	Ω	Μ	Ύ	Γ	Ί	Ψ	Α	Η	Π	Υ	Μ	Τ
Τ	Δ	Τ	Β	Ν	Α	Ι	Δ	Χ	Β	Α	Ρ	Έ	Λ
Ι	Ω	Ξ	Ο	Θ	Ο	Π	Τ	Ι	Κ	Ή	Γ	Η	Δ
Κ	Ι	Δ	Λ	Ε	Σ	Τ	Λ	Ρ	Ά	Υ	Ώ	Ε	Ε
Ή	Σ	Ω	Ο	Τ	Ω	Ι	Σ	Ό	Σ	Θ	Έ	Μ	Α
Ρ	Ψ	Ω	Γ	Η	Ψ	Υ	Έ	Ι	Σ	Γ	Ε	Δ	Ρ
Σ	Ο	Υ	Ρ	Ε	Α	Λ	Ι	Σ	Μ	Ό	Σ	Σ	Γ
Π	Ο	Ί	Η	Σ	Η	Σ	Δ	Σ	Ω	Ω	Ί	Ρ	Η

KEPAMIKΉ
ΣΎΝΘΕΤΗ
ΣΎΝΘΕΣΗ
ΔΗΜΙΟΥΡΓΏ
ΓΛΥΠΤΙΚΉ
ΈΚΦΡΑΣΗ
ΔΙΆΘΕΣΗ
ΕΜΠΝΕΥΣΜΈΝΗ
ΑΡΧΙΚΉ

ΠΡΟΣΩΠΙΚΌ
ΖΩΓΡΑΦΙΚΉ
ΠΟΊΗΣΗ
ΑΠΛΌΣ
ΣΎΜΒΟΛΟ
ΣΟΥΡΕΑΛΙΣΜΌΣ
ΘΈΜΑ
ΟΠΤΙΚΉ

90 - Herboristería

```
Κ  Σ  Υ  Σ  Τ  Α  Τ  Ι  Κ  Ό  Λ  Φ  Ο  Β
Ή  Ρ  Α  Ρ  Ω  Μ  Α  Τ  Ι  Κ  Ό  Υ  Α  Μ
Π  Μ  Ο  Π  Ο  Ι  Ό  Τ  Η  Τ  Α  Τ  Ο  Π
Ο  Α  Σ  Κ  Π  Ρ  Ά  Σ  Ι  Ν  Ο  Ό  Β  Ω
Σ  Ν  Ι  Υ  Ό  Μ  Α  Γ  Ε  Ι  Ρ  Ι  Κ  Ή
Μ  Τ  Γ  Ε  Ύ  Σ  Η  Λ  Γ  Ω  Η  Π  Β  Β
Έ  Ζ  Ο  Σ  Β  Α  Σ  Ι  Λ  Ι  Κ  Ο  Ύ  Ε
Ν  Ο  Δ  Ε  Ν  Δ  Ρ  Ο  Λ  Ί  Β  Α  Ν  Ο
Τ  Υ  Σ  Μ  Α  Ϊ  Ν  Τ  Α  Ν  Ό  Σ  Μ  Ά
Α  Ρ  Ι  Κ  Λ  Ο  Υ  Λ  Ο  Ύ  Δ  Ι  Έ  Ν
Ξ  Ά  Ξ  Ρ  Ό  Ν  Η  Ε  Ε  Δ  Β  Ξ  Α  Η
Ρ  Ν  Ε  Σ  Τ  Ρ  Α  Γ  Κ  Ό  Ν  Ν  Ψ  Θ
Ε  Α  Ι  Χ  Λ  Λ  Δ  Μ  Ά  Ρ  Α  Θ  Ο  Ο
Λ  Ε  Β  Ά  Ν  Τ  Α  Ο  Ί  Ν  Ο  Β  Λ  Ι
```

ΣΚΌΡΔΟ	ΣΥΣΤΑΤΙΚΌ
ΒΑΣΙΛΙΚΟΎ	ΚΉΠΟΣ
ΑΡΩΜΑΤΙΚΌ	ΛΕΒΆΝΤΑ
ΚΡΟΚΟΣ	ΜΑΝΤΖΟΥΡΆΝΑ
ΠΟΙΌΤΗΤΑ	ΜΈΝΤΑ
ΜΑΓΕΙΡΙΚΉ	ΜΑΪΝΤΑΝΌΣ
ΆΝΗΘΟ	ΦΥΤΌ
ΕΣΤΡΑΓΚΌΝ	ΔΕΝΔΡΟΛΊΒΑΝΟ
ΛΟΥΛΟΎΔΙ	ΓΕΎΣΗ
ΜΆΡΑΘΟ	ΠΡΆΣΙΝΟ

91 - Verano

```
Κ  Ή  Π  Ο  Σ  Έ  Σ  Έ  Δ  Χ  Λ  Α  Ξ  Κ
Ί  Α  Ν  Α  Ψ  Υ  Χ  Ή  Ε  Χ  Δ  Μ  Δ  Ά
Γ  Σ  Τ  Σ  Β  Ε  Α  Σ  Ν  Π  Β  Ο  Ψ  Μ
Τ  Τ  Ο  Α  Β  Ψ  Ι  Β  Ι  Μ  Ο  Υ  Έ  Π
Α  Έ  Η  Ν  Δ  Ι  Α  Κ  Ο  Π  Έ  Σ  Ο  Ι
Ξ  Ρ  Γ  Δ  Λ  Ύ  Ί  Β  Ι  Β  Λ  Ι  Α  Ν
Ί  Ι  Ω  Ά  Γ  Μ  Σ  Π  Έ  Ε  Τ  Κ  Χ  Γ
Δ  Α  Π  Λ  Η  Σ  Α  Ε  Ι  Π  Ρ  Ή  Α  Κ
Ι  Π  Α  Ι  Χ  Ν  Ί  Δ  Ι  Α  Ο  Ω  Ρ  Ι
Μ  Έ  Ρ  Α  Η  Τ  Λ  Ν  Ρ  Σ  Φ  Β  Ά  Η
Ι  Μ  Α  Μ  Έ  Ο  Ρ  Χ  Π  Ν  Ή  Β  Β  Λ
Θ  Ά  Λ  Α  Σ  Σ  Α  Σ  Π  Ί  Τ  Ι  Β  Ο
Έ  Φ  Ί  Λ  Ο  Ι  Χ  Α  Λ  Ά  Ρ  Ω  Σ  Η
Ρ  Β  Α  Ο  Ι  Κ  Ο  Γ  Έ  Ν  Ε  Ι  Α  Ρ
```

XAPÁ
ΦΊΛΟΙ
ΚΑΤΑΔΎΣΕΙΣ
ΚΆΜΠΙΝΓΚ
ΤΡΟΦΉ
ΑΣΤΈΡΙΑ
ΟΙΚΟΓΈΝΕΙΑ
ΣΠΊΤΙ
ΚΉΠΟΣ
ΠΑΙΧΝΊΔΙΑ

ΒΙΒΛΙΑ
ΘΆΛΑΣΣΑ
ΜΟΥΣΙΚΉ
ΑΝΑΨΥΧΉ
ΠΑΡΑΛΊΑ
ΧΑΛΆΡΩΣΗ
ΣΑΝΔΆΛΙΑ
ΔΙΑΚΟΠΈΣ
ΤΑΞΊΔΙ

92 - Insectos

Ψ	Μ	Μ	Ε	Λ	Ί	Γ	Κ	Ρ	Α	Ν	Κ	Χ	Έ
Σ	Κ	Α	Θ	Ά	Ρ	Ι	Ω	Ξ	Π	Χ	Α	Μ	Έ
Μ	Κ	Α	Ψ	Α	Κ	Ρ	Ί	Δ	Α	Χ	Τ	Υ	Τ
Ο	Υ	Ο	Σ	Φ	Ή	Κ	Α	Ξ	Σ	Α	Σ	Ρ	Ζ
Μ	Κ	Ο	Υ	Ν	Ο	Ύ	Π	Ι	Χ	Υ	Α	Μ	Ι
Π	Ά	Μ	Έ	Λ	Ι	Σ	Σ	Α	Α	Π	Ρ	Ή	Τ
Μ	Ε	Ν	Υ	Ί	Ή	Έ	Χ	Α	Λ	Α	Ί	Γ	Ζ
Ε	Μ	Τ	Τ	Ψ	Χ	Κ	Η	Ε	Ί	Ί	Δ	Κ	Ί
Έ	Έ	Τ	Α	Η	Ί	Α	Ι	Δ	Τ	Θ	Α	Ι	Κ
Έ	Τ	Σ	Λ	Λ	Σ	Η	Π	Ε	Σ	Ρ	Ι	Ο	Ι
Ρ	Χ	Ο	Α	Π	Ο	Π	Β	Β	Α	Ι	Ι	Ξ	Μ
Σ	Κ	Ώ	Ρ	Ο	Σ	Ύ	Α	Η	Ξ	Α	Ι	Ρ	Ι
Ί	Α	Δ	Γ	Λ	Δ	Β	Δ	Ο	Ω	Ί	Ξ	Γ	Ε
Π	Ρ	Ο	Ν	Ύ	Μ	Φ	Η	Α	Ι	Μ	Π	Γ	Γ

ΜΈΛΙΣΣΑ	ΠΡΟΝΎΜΦΗ
ΣΦΉΚΑ	ΜΆΝΤΗΣ
ΜΕΛΊΓΚΡΑ	ΠΕΤΑΛΟΎΔΑ
ΤΖΙΤΖΊΚΙ	ΠΑΣΧΑΛΊΤΣΑ
ΚΑΤΣΑΡΊΔΑ	ΚΟΥΝΟΎΠΙ
ΣΚΑΘΆΡΙ	ΣΚΏΡΟΣ
ΣΚΟΥΛΉΚΙ	ΥΠΑΊΘΡΙΑ
ΜΥΡΜΉΓΚΙ	ΑΚΡΊΔΑ

93 - Especias

```
Β  Α  Ν  Ί  Λ  Ι  Α  Ι  Π  Γ  Μ  Ε  Π  Σ
Χ  Μ  Ψ  Ω  Η  Τ  Ο  Υ  Ξ  Α  Λ  Π  Λ  Ψ
Π  Π  Ά  Π  Ρ  Ι  Κ  Α  Χ  Α  Π  Υ  Σ  Ω
Α  Γ  Α  Ρ  Ύ  Φ  Α  Λ  Λ  Ο  Γ  Ο  Κ  Λ
Γ  Λ  Ι  Μ  Α  Ν  Δ  Γ  Σ  Π  Τ  Ε  Ό  Ό
Ε  Σ  Ά  Β  Π  Θ  Τ  Λ  Π  Ι  Π  Έ  Ρ  Ι
Ύ  Ι  Ν  Τ  Γ  Ρ  Ο  Υ  Ν  Κ  Ν  Ε  Δ  Ρ
Σ  Κ  Ύ  Μ  Ι  Ν  Ο  Κ  Κ  Ρ  Ο  Κ  Ο  Σ
Η  Υ  Μ  Τ  Ω  Χ  Υ  Ό  Ε  Ή  Σ  Ι  Σ  Λ
Π  Λ  Λ  Ε  Ξ  Λ  Κ  Ρ  Ε  Μ  Μ  Ύ  Δ  Ι
Κ  Ά  Ρ  Υ  Ι  Ι  Ι  Ι  Ω  Α  Δ  Ρ  Ο  Π
Ψ  Σ  Β  Ι  Ν  Ξ  Τ  Ζ  Ί  Ν  Τ  Ζ  Ε  Ρ
Β  Ί  Ξ  Γ  Ή  Π  Κ  Α  Ν  Έ  Λ  Α  Έ  Ε
Γ  Λ  Υ  Κ  Ά  Ν  Ι  Σ  Ο  Ρ  Μ  Υ  Η  Ο
```

ΞΙΝΉ	ΓΛΥΚΌ
ΣΚΌΡΔΟ	ΜΆΡΑΘΟ
ΠΙΚΡΉ	ΤΖΊΝΤΖΕΡ
ΓΛΥΚΆΝΙΣΟ	ΠΆΠΡΙΚΑ
ΚΡΟΚΟΣ	ΠΙΠΈΡΙ
ΚΑΝΈΛΑ	ΓΛΥΚΌΡΙΖΑ
ΚΡΕΜΜΎΔΙ	ΓΕΎΣΗ
ΓΑΡΎΦΑΛΛΟ	ΑΛΆΤΙ
ΚΎΜΙΝΟ	ΒΑΝΊΛΙΑ
ΚΆΡΥ	

94 - Emociones

```
Ι  Ω  Η  Γ  Ί  Π  Β  Ο  Ν  Δ  Ο  Ι  Σ  Ε
Π  Ω  Τ  Ρ  Τ  Ί  Λ  Α  Ψ  Χ  Υ  Ω  Υ  Υ
Δ  Α  Χ  Ί  Ε  Ι  Ρ  Ή  Ν  Η  Ε  Ρ  Μ  Δ
Θ  Υ  Μ  Ό  Σ  Μ  Ξ  Υ  Ξ  Ξ  Χ  Ν  Π  Α
Τ  Ρ  Σ  Υ  Δ  Ρ  Ί  Ν  Τ  Η  Ξ  Ι  Ό  Ι
Έ  Κ  Π  Λ  Η  Ξ  Η  Α  Γ  Ά  Π  Η  Ν  Μ
Ι  Π  Γ  Ρ  Ε  Υ  Γ  Ν  Ώ  Μ  Ω  Ν  Ι  Ο
Π  Ε  Ρ  Ι  Ε  Χ  Ό  Μ  Ε  Ν  Ο  Φ  Α  Ν
Α  Ν  Α  Κ  Ο  Ύ  Φ  Ι  Σ  Η  Δ  Ό  Θ  Ί
Χ  Α  Λ  Α  Ρ  Ή  Σ  Ω  Χ  Δ  Μ  Β  Λ  Α
Α  Κ  Α  Λ  Ο  Σ  Ύ  Ν  Η  Ψ  Η  Ο  Ί  Β
Ρ  Α  Σ  Μ  Ψ  Τ  Γ  Ί  Χ  Ρ  Ξ  Σ  Ψ  Λ
Ά  Ι  Κ  Α  Ν  Ο  Π  Ο  Ί  Η  Σ  Α  Η  Τ
Ξ  Δ  Ν  Τ  Ρ  Υ  Φ  Ε  Ρ  Ό  Τ  Η  Τ  Α
```

ΠΛΉΞΗ
ΕΥΓΝΏΜΩΝ
ΧΑΡΆ
ΑΝΑΚΟΎΦΙΣΗ
ΑΓΆΠΗ
ΕΥΔΑΙΜΟΝΊΑ
ΚΑΛΟΣΎΝΗ
ΠΕΡΙΕΧΌΜΕΝΟ
ΘΥΜΌΣ

ΦΌΒΟΣ
ΕΙΡΉΝΗ
ΧΑΛΑΡΉ
ΙΚΑΝΟΠΟΊΗΣΑ
ΣΥΜΠΌΝΙΑ
ΈΚΠΛΗΞΗ
ΤΡΥΦΕΡΌΤΗΤΑ
ΗΡΕΜΊΑ
ΘΛΊΨΗ

95 - Mediciones

```
Ε  Α  Ί  Ω  Σ  Χ  Ε  Μ  Ή  Κ  Ο  Σ  Μ  Ξ
Τ  Ό  Ν  Ο  Σ  Ι  Κ  Ζ  Ά  Β  Ρ  Ν  Α  Ε
Έ  Γ  Τ  Υ  Λ  Α  Υ  Ω  Ζ  Τ  Ε  Π  Ν
Ν  Ε  Σ  Γ  Δ  Ι  Τ  Γ  Γ  Χ  Α  Λ  Λ  Π
Τ  Ο  Α  Γ  Υ  Ό  Ο  Ί  Η  Ι  Β  Ί  Ά  Δ
Α  Τ  Μ  Ι  Π  Μ  Σ  Ζ  Ξ  Λ  Ε  Π  Τ  Ό
Σ  Λ  Γ  Ά  Π  Ε  Τ  Ω  Β  Ι  Ί  Λ  Ο  Γ
Η  Λ  Ω  Υ  Ρ  Τ  Ό  Δ  Σ  Ό  Υ  Τ  Σ  Η
Λ  Β  Τ  Π  Δ  Ρ  Ν  Χ  Σ  Γ  Ι  Σ  Ρ  Ε
Τ  Λ  Β  Ά  Θ  Ο  Σ  Υ  Υ  Ρ  Μ  Η  Β  Ο
Β  Α  Θ  Μ  Ό  Σ  Έ  Α  Ψ  Α  Έ  Ί  Ο  Ο
Γ  Ρ  Α  Μ  Μ  Ά  Ρ  Ι  Ο  Μ  Τ  Ι  Ο  Χ
Δ  Ε  Κ  Α  Δ  Ι  Κ  Ό  Σ  Μ  Ρ  Χ  Ξ  Ο
Ψ  Η  Φ  Ι  Ο  Λ  Ε  Ξ  Η  Ο  Ο  Δ  Χ  Υ
```

ΥΨΟΣ   ΜΉΚΟΣ
ΠΛΆΤΟΣ   ΜΆΖΑ
ΨΗΦΙΟΛΕΞΗ ΜΈΤΡΟ
ΕΚΑΤΟΣΤΌ   ΛΕΠΤΌ
ΔΕΚΑΔΙΚΌ   ΟΥΓΓΙΆ
ΒΑΘΜΌΣ   ΖΥΓΊΖΩ
ΓΡΑΜΜΆΡΙΟ ΒΆΘΟΣ
ΧΙΛΙΌΓΡΑΜΜΟ ΊΝΤΣΑ
ΧΙΛΙΌΜΕΤΡΟ ΤΌΝΟΣ
ΛΊΤΡΟ   ΈΝΤΑΣΗ

96 - Barcos

Ρ	Β	Ο	Π	Κ	Π	Λ	Χ	Β	Έ	Β	Π	Σ	Ν
Ε	Δ	Ο	Ο	Έ	Ύ	Ί	Θ	Κ	Α	Ν	Ό	Χ	Ξ
Σ	Π	Ί	Τ	Λ	Ι	Μ	Έ	Ά	Β	Δ	Α	Ε	Ξ
Η	Ξ	Ν	Α	Ξ	Σ	Ν	Α	Ρ	Λ	Β	Μ	Δ	Ε
Μ	Ν	Ε	Μ	Μ	Τ	Η	Γ	Τ	Α	Α	Π	Ί	Η
Α	Γ	Υ	Ό	Γ	Ι	Ο	Τ	Ψ	Α	Ί	Σ	Α	Π
Δ	Ν	Π	Σ	Χ	Ο	Ι	Ν	Ί	Ε	Η	Ψ	Σ	Ν
Ο	Ξ	Ι	Λ	Π	Φ	Κ	Α	Τ	Ά	Ρ	Τ	Ι	Α
Ύ	Ε	Δ	Ξ	Ή	Ό	Κ	Α	Γ	Ι	Ά	Κ	Υ	Ύ
Ρ	Π	Α	Λ	Ί	Ρ	Ρ	Ο	Ι	Α	Χ	Ω	Ξ	Τ
Α	Χ	Ί	Ω	Ί	Ο	Ω	Κ	Ε	Α	Ν	Ό	Σ	Η
Ν	Α	Υ	Τ	Ι	Κ	Ό	Μ	Η	Χ	Α	Ν	Ή	Σ
Π	Ο	Ρ	Θ	Μ	Ε	Ί	Ο	Α	Γ	Ι	Η	Έ	Ω
Ά	Γ	Κ	Υ	Ρ	Α	Ω	Χ	Σ	Ψ	Β	Α	Η	Α

ΆΓΚΥΡΑ	ΝΑΎΤΗΣ
ΣΧΕΔΊΑ	ΚΑΤΆΡΤΙ
ΣΗΜΑΔΟΎΡΑ	ΜΗΧΑΝΉ
ΚΑΝΌ	ΝΑΥΤΙΚΌ
ΣΧΟΙΝΊ	ΩΚΕΑΝΌΣ
ΠΟΡΘΜΕΊΟ	ΚΎΜΑΤΑ
ΚΑΓΙΆΚ	ΠΟΤΑΜΌΣ
ΛΊΜΝΗ	ΠΛΉΡΩΜΑ
ΘΆΛΑΣΣΑ	ΙΣΤΙΟΦΌΡΟ
ΠΑΛΊΡΡΟΙΑ	ΓΙΟΤ

97 - Antártida

M	X	T	N	Π	Έ	H	I	P	E	T	Ψ	Y	I
Έ	E	Δ	E	Γ	P	Ω	Δ	Π	K	E	Π	Σ	Ψ
T	P	I	P	M	Έ	Λ	Y	O	Δ	X	H	Ύ	M
A	Σ	A	Ό	P	M	O	Ξ	Y	P	Έ	H	N	K
N	Ό	T	Ξ	Π	Δ	Π	T	Λ	O	B	N	N	Ό
Ά	N	Ή	N	N	Π	Ξ	H	I	M	N	Λ	E	Λ
Σ	H	P	Π	N	H	Σ	I	Ά	Ή	T	I	Φ	Π
T	Σ	H	Γ	E	Ω	Γ	P	A	Φ	Ί	A	A	O
E	O	Σ	P	Π	I	Γ	K	O	Y	Ί	N	O	I
Y	Δ	H	Έ	M	O	P	Y	K	T	Ά	Π	B	M
Σ	Ψ	Ξ	Θ	E	P	M	O	K	P	A	Σ	Ί	A
H	N	E	T	E	Ά	Γ	M	Σ	Γ	Έ	H	M	Y
E	P	E	Y	N	H	T	Ή	Σ	Λ	H	E	B	O
B	P	A	X	Ώ	Δ	H	Σ	Π	Ά	Γ	O	Σ	A

NEPΌ
KΌΛΠO
ΔΙΑΤΉΡΗΣΗ
ΉΠΕΙΡΟΣ
ΌΡΜΟ
ΕΚΔΡΟΜΉ
ΓΕΩΓΡΑΦΊΑ
ΠΆΓΟΣ
ΕΡΕΥΝΗΤΉΣ

ΝΗΣΙΆ
ΜΕΤΑΝΆΣΤΕΥΣΗ
ΟΡΥΚΤΆ
ΣΎΝΝΕΦΑ
ΠΟΥΛΙΆ
ΧΕΡΣΌΝΗΣΟ
ΠΙΓΚΟΥΊΝΟΙ
ΒΡΑΧΏΔΗΣ
ΘΕΡΜΟΚΡΑΣΊΑ

98 - Piratas

```
Τ  Σ  Σ  Ί  Χ  Ξ  Κ  Δ  Ά  Γ  Κ  Υ  Ρ  Α
Μ  Ξ  Β  Ρ  Ο  Ύ  Μ  Ι  Ε  Γ  Ρ  Μ  Λ  Σ
Μ  Η  Η  Δ  Υ  Δ  Λ  Ι  Ν  Ψ  Έ  Ρ  Κ  Ω
Ω  Δ  Έ  Β  Ν  Π  Υ  Ξ  Ί  Δ  Α  Ψ  Α  Β
Π  Ε  Ρ  Ι  Π  Έ  Τ  Ε  Ι  Α  Ύ  Ν  Κ  Ω
Θ  Ρ  Ύ  Λ  Ο  Σ  Α  Ψ  Π  Ο  Ω  Ν  Ό  Χ
Π  Θ  Κ  Ί  Χ  Ί  Σ  Π  Ή  Λ  Α  Ι  Ο  Ρ
Α  Η  Π  Έ  Ά  Β  Ξ  Π  Ν  Η  Σ  Ί  Υ  Υ
Ρ  Σ  Λ  Ν  Ρ  Λ  Ο  Χ  Α  Γ  Ό  Σ  Λ  Σ
Α  Α  Ή  Π  Τ  Μ  Ψ  Έ  Σ  Θ  Ξ  Ψ  Ή  Ό
Λ  Υ  Ρ  Σ  Η  Μ  Α  Ί  Α  Λ  Ί  Δ  Σ  Σ
Ί  Ρ  Ω  Ι  Λ  Ξ  Υ  Τ  Λ  Δ  Μ  Λ  Ί  Ω
Α  Ό  Μ  Δ  Μ  Π  Α  Π  Α  Γ  Ά  Λ  Ο  Σ
Υ  Σ  Α  Γ  Τ  Η  Γ  Λ  Π  Έ  Ι  Σ  Ί  Έ
```

ΆΓΚΥΡΑ	ΠΑΠΑΓΆΛΟΣ
ΠΕΡΙΠΈΤΕΙΑ	ΚΑΚΌ
ΣΗΜΑΊΑ	ΧΆΡΤΗ
ΠΥΞΊΔΑ	ΚΈΡΜΑΤΑ
ΛΟΧΑΓΌΣ	ΧΡΥΣΌΣ
ΟΥΛΉ	ΚΙΝΔΎΝΟΥ
ΣΠΉΛΑΙΟ	ΠΑΡΑΛΊΑ
ΣΠΑΘΊ	ΡΟΎΜΙ
ΝΗΣΊ	ΘΗΣΑΥΡΌΣ
ΘΡΎΛΟΣ	ΠΛΉΡΩΜΑ

99 - Mamíferos

```
Ν Ω Ε Α Κ Ε Σ Σ Κ Ύ Λ Ο Σ Α
Ι Ρ Ν Χ Ο Χ Λ Ζ Έ Φ Ύ Ε Γ Λ
Τ Π Τ Ρ Γ Ν Τ Έ Τ Ά Κ Έ Ν Ε
Έ Α Ν Έ Ι Σ Β Φ Λ Ο Ί Μ Π
Τ Ρ Ύ Ω Ό Ε Σ Ρ Χ Α Σ Π Δ Ο
Π Κ Ε Ρ Τ Α Ν Α Π Ι Ν Ι Τ Ύ
Ρ Ο Έ Π Ο Μ Ο Ι Μ Ν Ξ Τ Κ Γ
Ό Ύ Κ Ν Λ Σ Ν Ξ Γ Α Υ Λ Α Ο
Β Δ Ο Κ Α Μ Ή Λ Α Ε Ϊ Χ Γ Σ
Α Α Υ Ί Γ Ο Ρ Ί Λ Α Σ Μ Κ Δ
Τ Β Ν Ί Η Γ Ά Τ Α Χ Σ Ί Ο Έ
Ο Α Έ Μ Ά Λ Ο Γ Ο Χ Ξ Δ Υ Ύ
Δ Ε Λ Φ Ί Ν Ι Έ Λ Χ Ο Γ Ρ Α
Τ Σ Ι Γ Α Ϊ Δ Ο Ύ Ρ Ι Η Ό Η
```

ΦΆΛΑΙΝΑ   ΓΆΤΑ
ΓΑΪΔΟΎΡΙ   ΓΟΡΊΛΑΣ
ΆΛΟΓΟ   ΛΎΚΟΣ
ΚΑΜΉΛΑ   ΜΑΪΜΟΎ
ΚΑΓΚΟΥΡΌ   ΑΡΚΟΎΔΑ
ΖΈΒΡΑ   ΠΡΌΒΑΤΟ
ΚΟΥΝΈΛΙ   ΣΚΎΛΟΣ
ΚΟΓΙΌΤ   ΤΑΎΡΟΣ
ΔΕΛΦΊΝΙ   ΑΛΕΠΟΎ
ΕΛΈΦΑΝΤΑΣ

100 - Abejas

Ί	Ε	Π	Ι	Κ	Ο	Ν	Ι	Α	Σ	Τ	Η	Σ	Γ
Σ	Η	Ε	Ψ	Ή	Ι	Υ	Έ	Ψ	Η	Ρ	Ν	Β	Ύ
Λ	Μ	Ε	Ω	Π	Κ	Ε	Ρ	Ί	Λ	Ο	Α	Α	Ρ
Ο	Φ	Ή	Ψ	Ο	Ο	Ο	Π	Ξ	Μ	Φ	Κ	Σ	Η
Υ	Υ	Έ	Ν	Σ	Σ	Ί	Λ	Λ	Γ	Ή	Α	Ί	Ε
Λ	Τ	Ν	Λ	Ο	Ύ	Φ	Τ	Ε	Ρ	Ά	Π	Λ	Υ
Ο	Ά	Τ	Η	Λ	Σ	Ή	Μ	Έ	Λ	Ι	Ν	Ι	Ε
Ύ	Ν	Ο	Κ	Δ	Τ	Ρ	Λ	Μ	Γ	Ω	Ί	Σ	Ρ
Δ	Θ	Μ	Υ	Ί	Η	Ν	Ξ	Ι	Υ	Χ	Ζ	Σ	Γ
Ι	Ο	Ο	Ψ	Ω	Μ	Δ	Ι	Ω	Ο	Έ	Ο	Α	Ε
Α	Σ	Ν	Έ	Η	Α	Δ	Ε	Β	Ε	Σ	Υ	Ε	Τ
Υ	Ω	Ψ	Λ	Φ	Ρ	Ο	Ύ	Τ	Ο	Γ	Ν	Π	Ι
Ί	Υ	Ρ	Η	Π	Ο	Ι	Κ	Ι	Λ	Ί	Α	Τ	Κ
Π	Η	Έ	Υ	Ν	Π	Υ	Γ	Έ	Ε	Ξ	Ι	Ρ	Ή

ΦΤΕΡΆ
ΕΥΕΡΓΕΤΙΚΉ
ΚΕΡΊ
ΚΥΨΈΛΗ
ΤΡΟΦΉ
ΠΟΙΚΙΛΊΑ
ΟΙΚΟΣΎΣΤΗΜΑ
ΣΜΉΝΟΣ
ΆΝΘΟΣ
ΛΟΥΛΟΎΔΙΑ

ΦΡΟΎΤΟ
ΚΑΠΝΊΖΟΥΝ
ΈΝΤΟΜΟ
ΚΉΠΟΣ
ΜΈΛΙ
ΦΥΤΆ
ΓΎΡΗ
ΕΠΙΚΟΝΙΑΣΤΉΣ
ΒΑΣΊΛΙΣΣΑ
ΉΛΙΟΣ

1 - Ajedrez

2 - Agua

3 - Granja #2

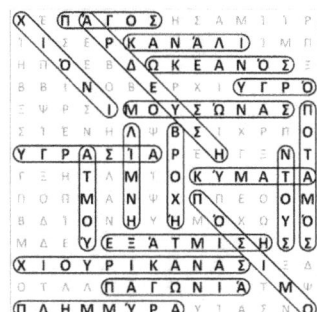
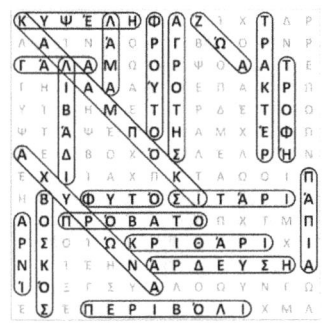

4 - Mueble

5 - Pesca

6 - Aviones

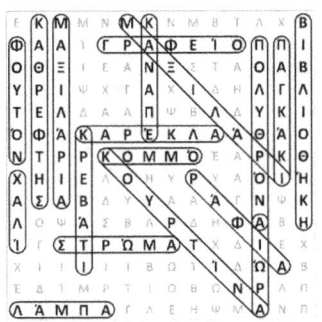
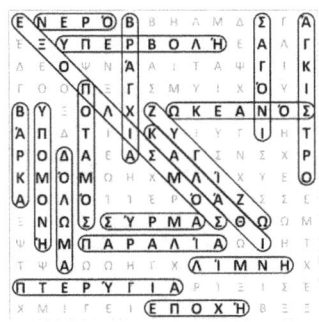
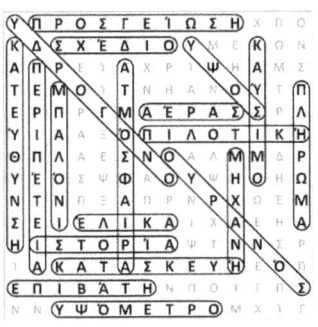

7 - Tipos de Cabello

8 - Ciencia Ficción

9 - Juguetes

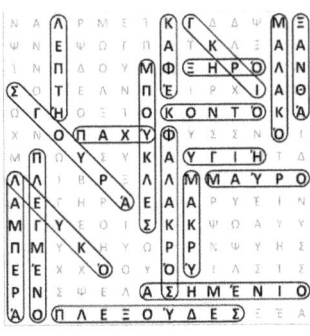
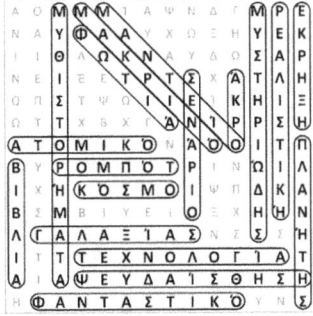
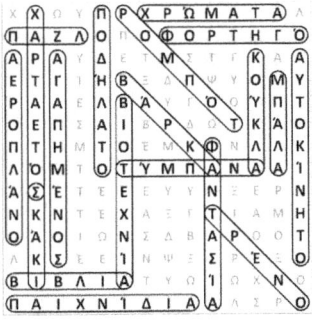

10 - Circo

11 - Rellenar

12 - Granja #1

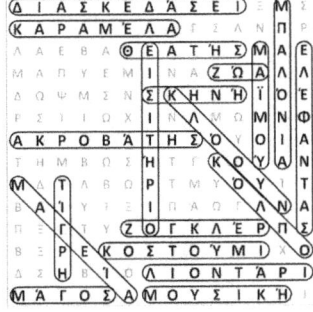
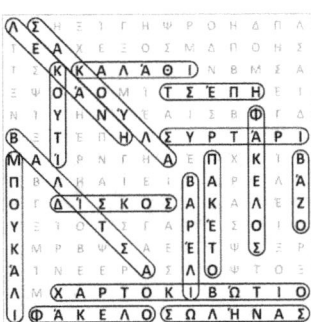
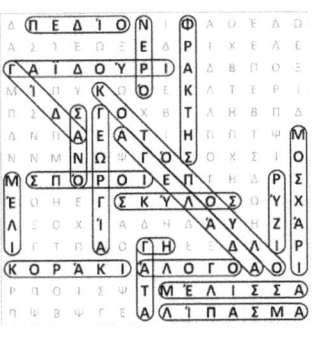

13 - Camping

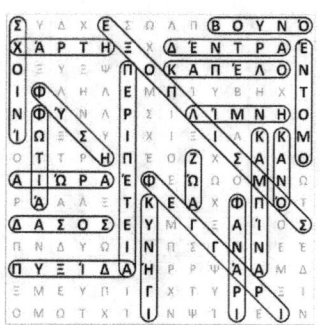

14 - Fruta

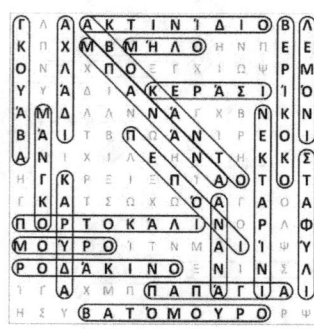

15 - Geología

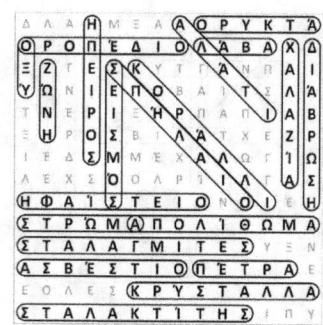

16 - Plantas

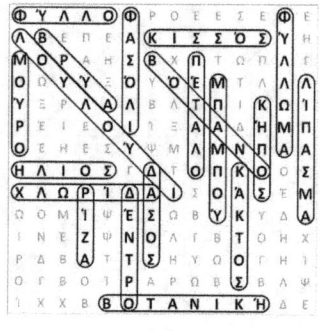

17 - Suministros de Arte

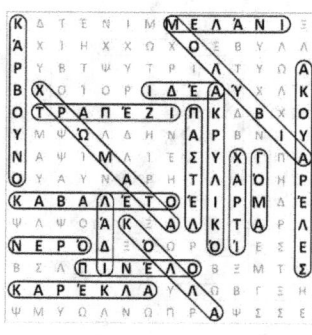

18 - Jardín

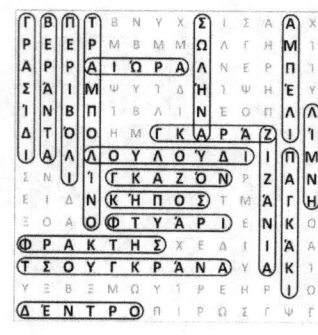

19 - Países #2

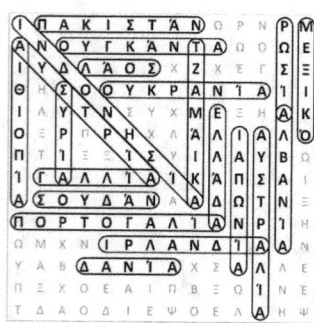

20 - Tecnología

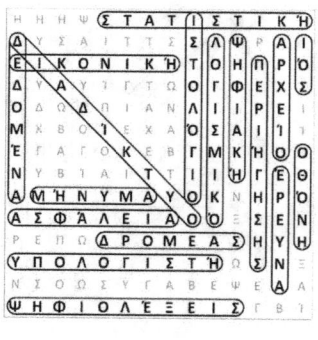

21 - Números

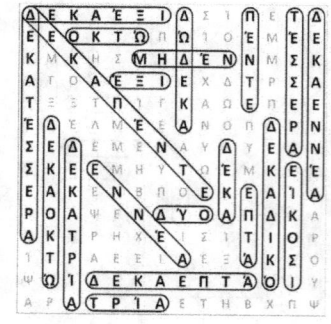

22 - Mitología

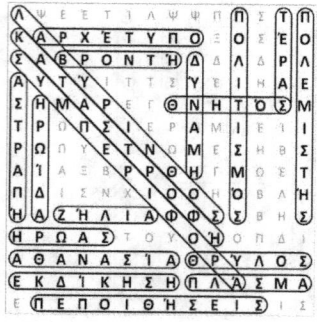

23 - Ecología

24 - Casa

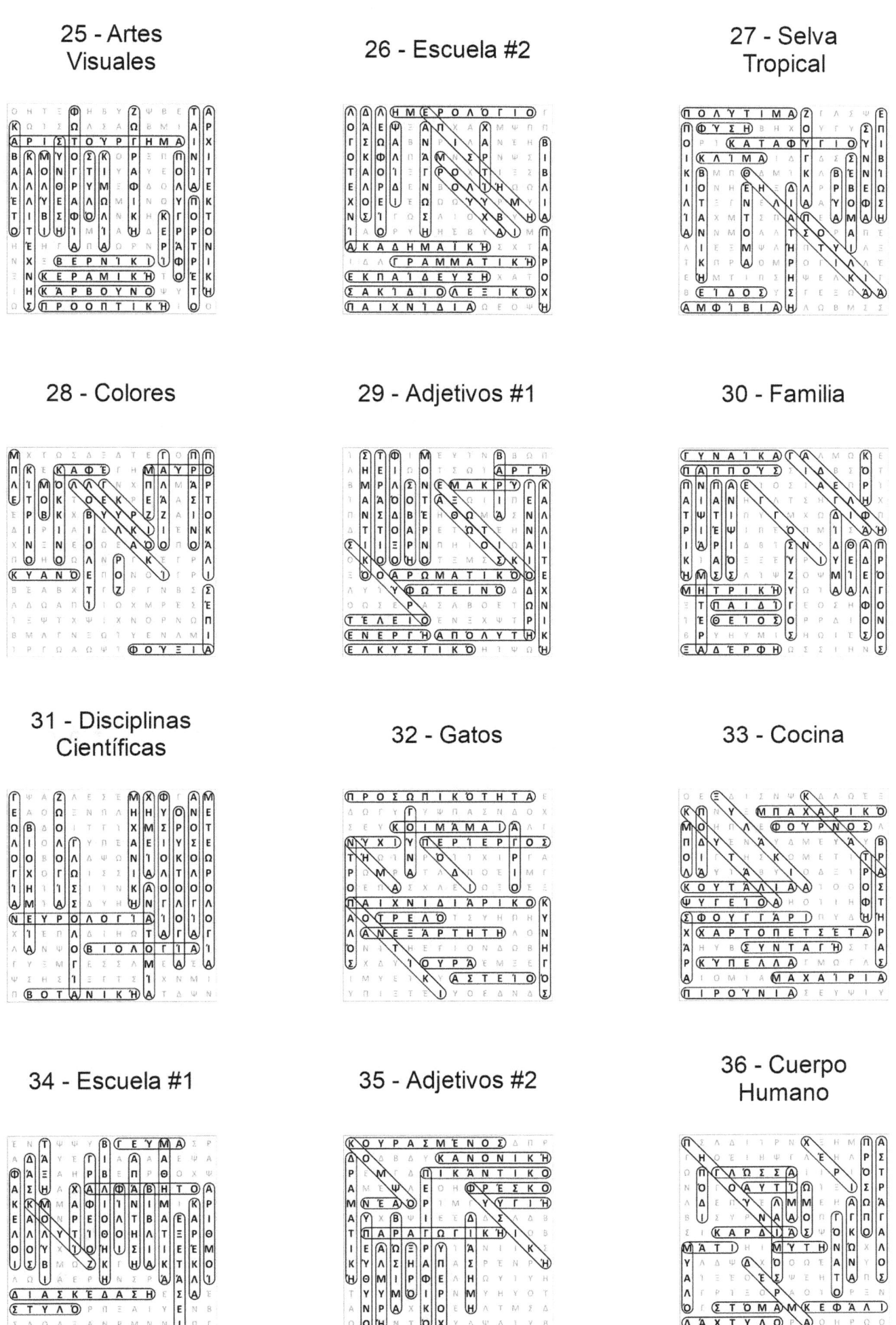

25 - Artes Visuales

26 - Escuela #2

27 - Selva Tropical

28 - Colores

29 - Adjetivos #1

30 - Familia

31 - Disciplinas Científicas

32 - Gatos

33 - Cocina

34 - Escuela #1

35 - Adjetivos #2

36 - Cuerpo Humano

37 - Ciencia

38 - Dinosaurios

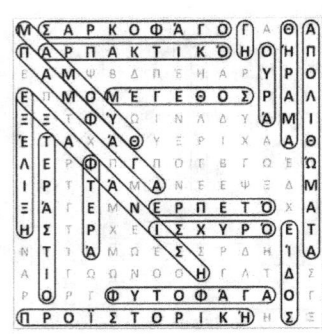

39 - Restaurante #2

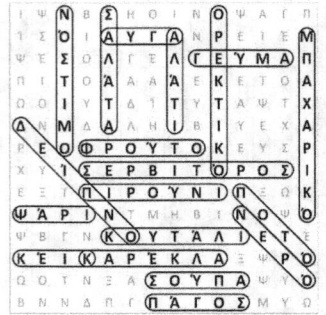

40 - Profesiones #1

41 - Vehículos

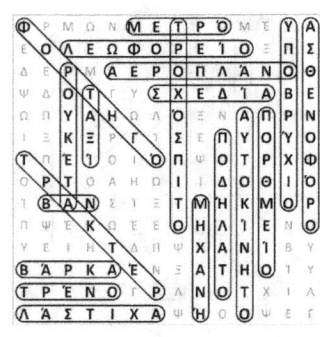

42 - Vacaciones #2

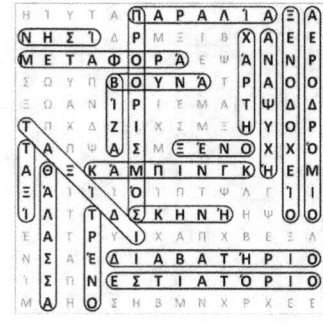

43 - Cumpleaños

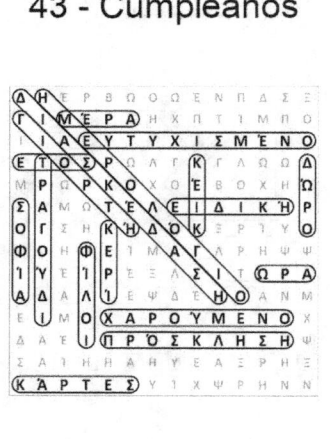

44 - Baile

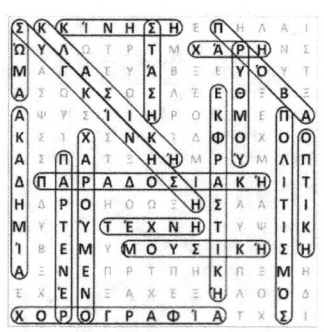

45 - Matemáticas

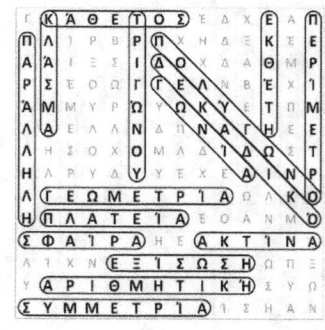

46 - Restaurante #1

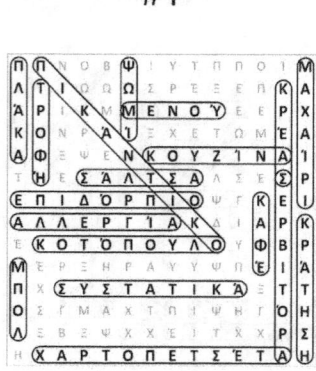

47 - Profesiones #2

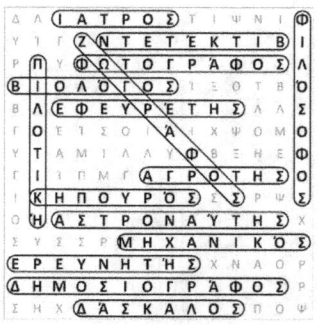

48 - Senderismo

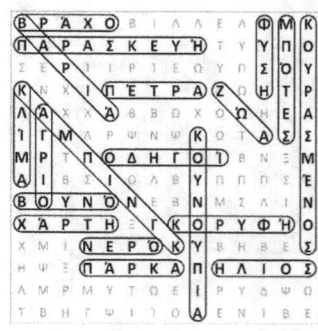

49 - Naturaleza

50 - Vacaciones #1

51 - Conduciendo

52 - Ballet

53 - Aventura

54 - Pájaros

55 - Playa

56 - Surf

57 - Geografía

58 - Deportes

59 - Actividades

60 - Verduras

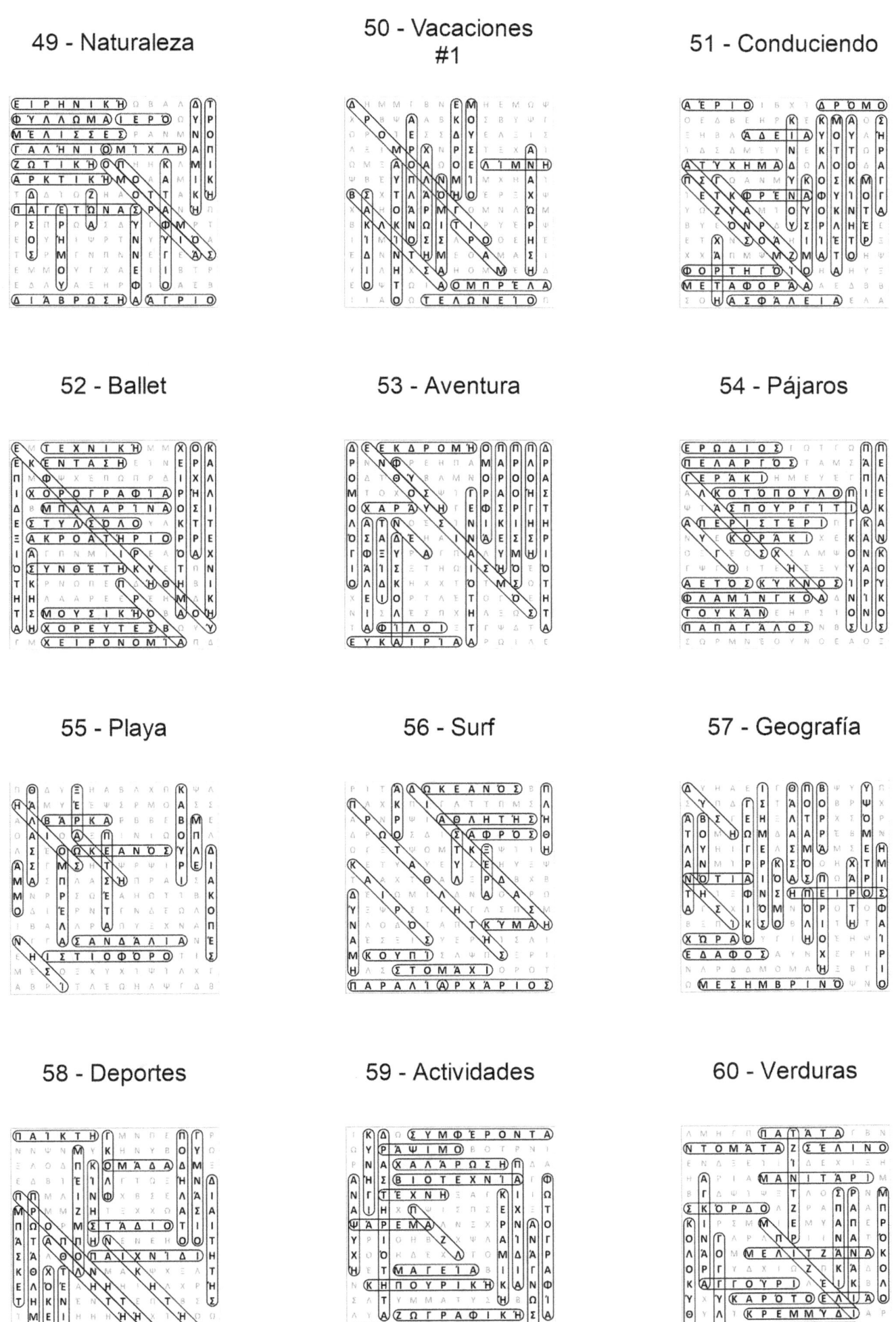

61 - Instrumentos Musicales

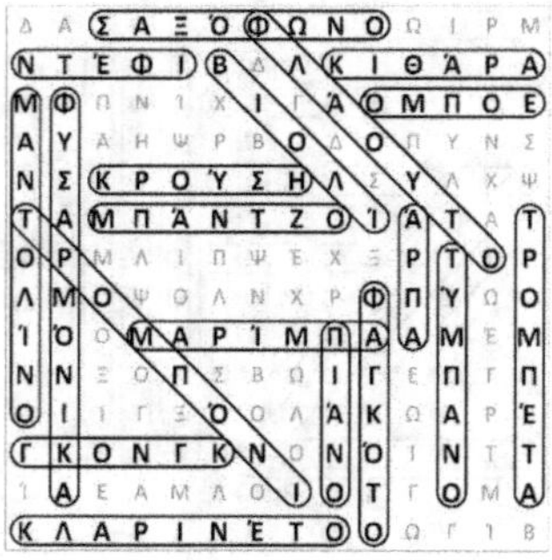

62 - Escalada

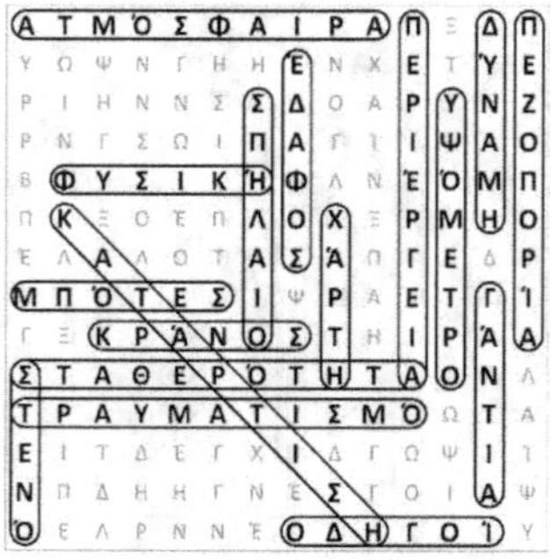

63 - Mascotas

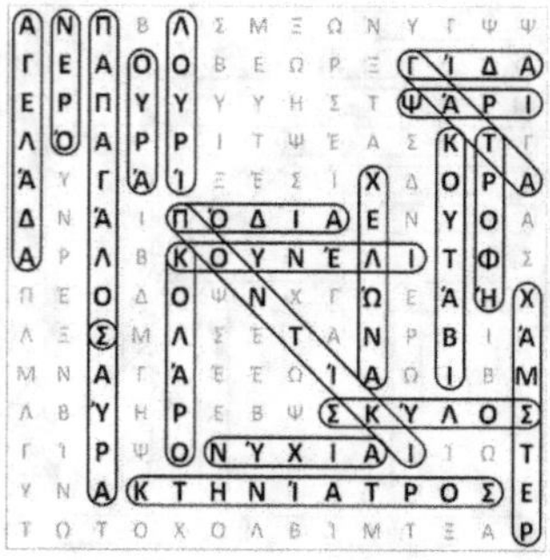

64 - Formas

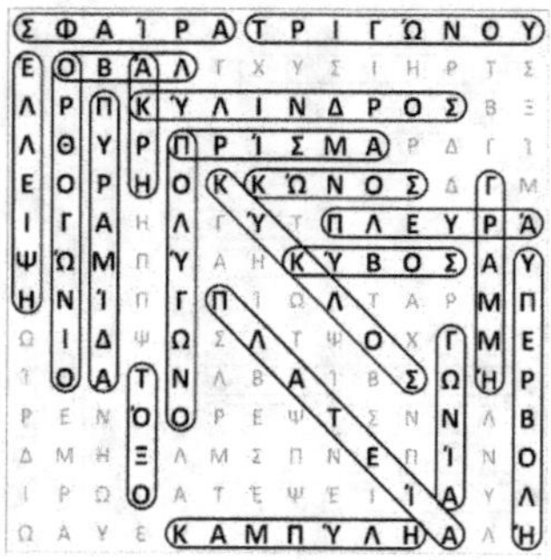

65 - Flores

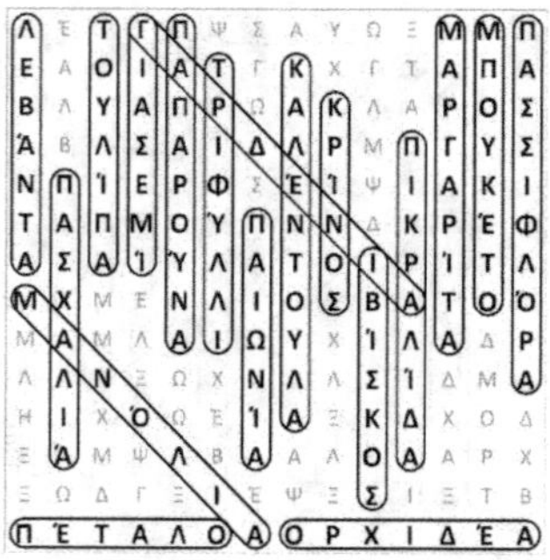

66 - Astronomía

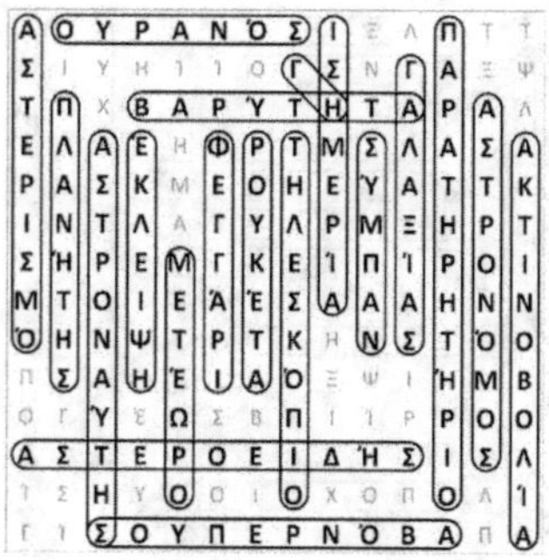

67 - Tiempo

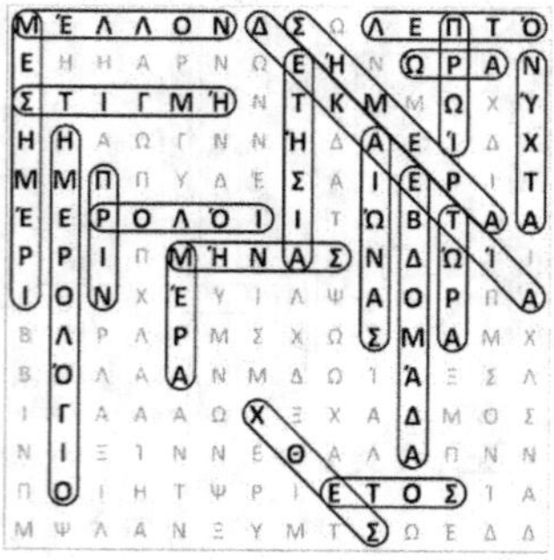

68 - Paisajes

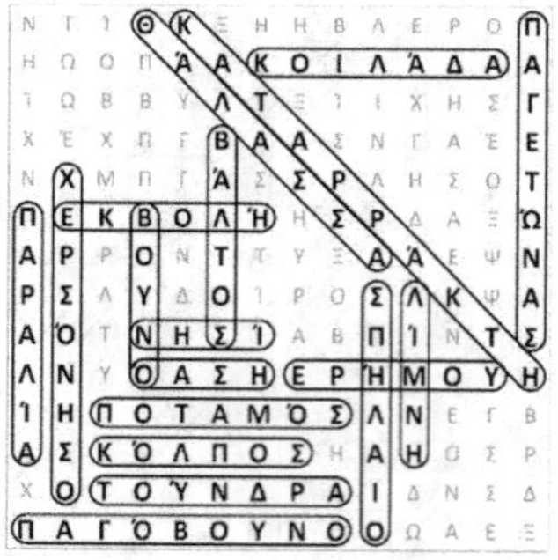

69 - Días y Meses

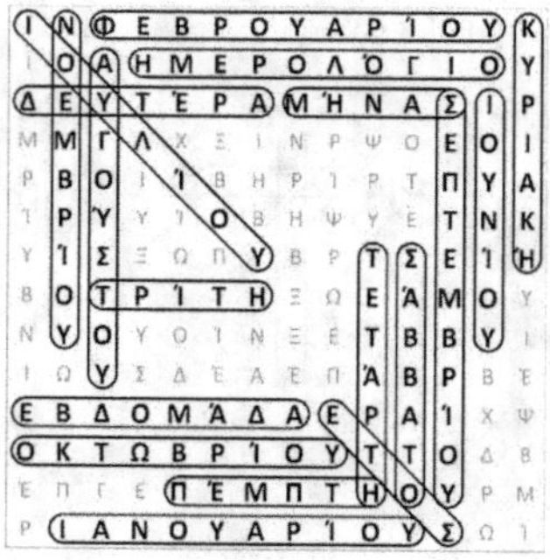

70 - Chocolate

71 - Barbacoas

72 - Ropa

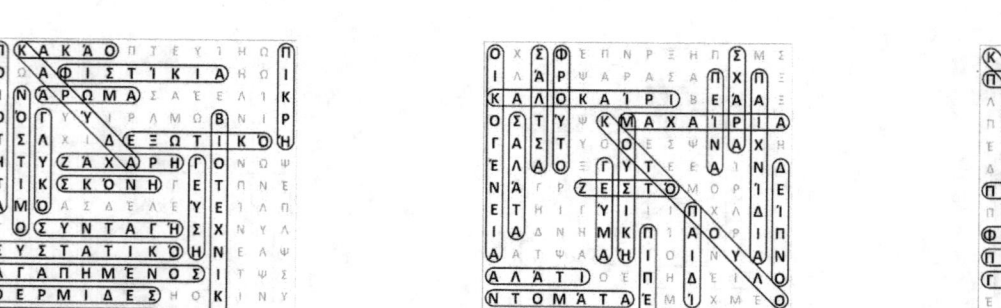
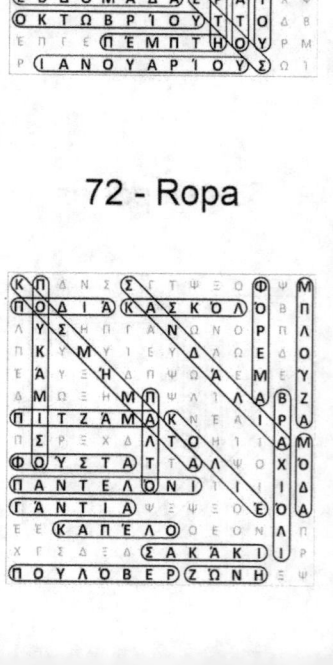

73 - Meditación

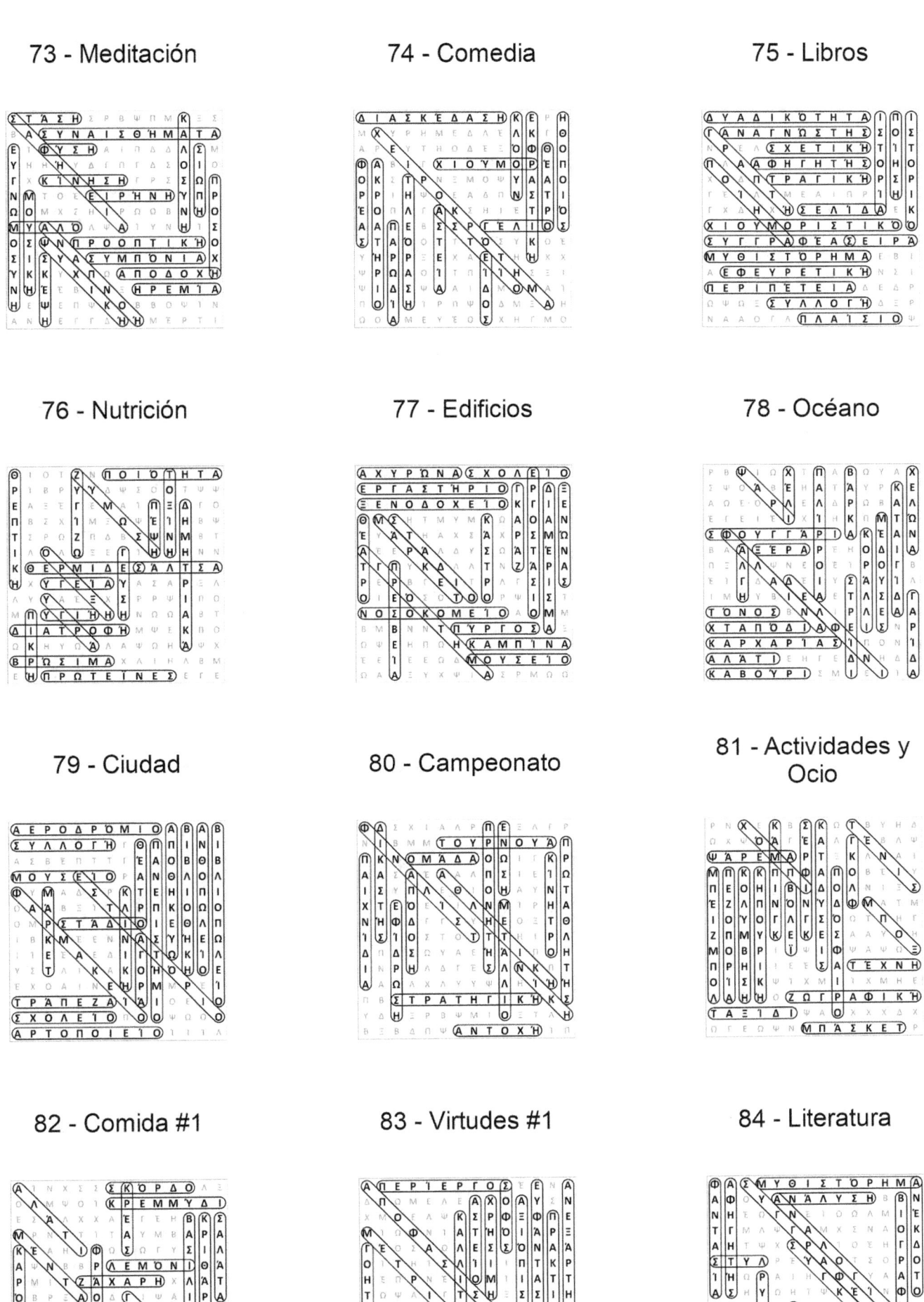

74 - Comedia

75 - Libros

76 - Nutrición

77 - Edificios

78 - Océano

79 - Ciudad

80 - Campeonato

81 - Actividades y Ocio

82 - Comida #1

83 - Virtudes #1

84 - Literatura

85 - Baño

86 - Clima

87 - Comida #2

88 - Castillos

89 - Arte

90 - Herboristería

91 - Verano

92 - Insectos

93 - Especias

94 - Emociones

95 - Mediciones

96 - Barcos

97 - Antártida

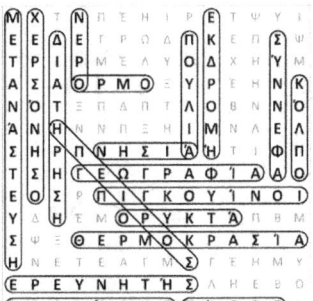

98 - Piratas

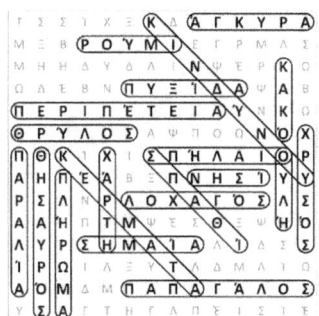

99 - Mamíferos

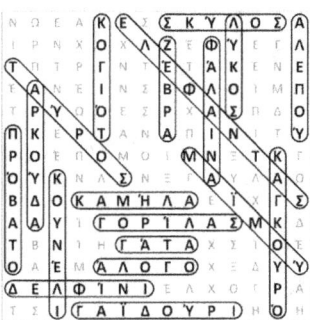

100 - Abejas

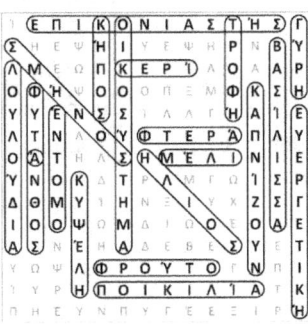

Diccionario

Abejas
Μέλισσες

Alas	Φτερά
Beneficioso	Ευεργετική
Cera	Κερί
Colmena	Κυψέλη
Comida	Τροφή
Diversidad	Ποικιλία
Ecosistema	Οικοσύστημα
Enjambre	Σμήνοσ
Flor	Άνθοσ
Flores	Λουλούδια
Fruta	Φρούτο
Humo	Καπνίζουν
Insecto	Έντομο
Jardín	Κήποσ
Miel	Μέλι
Plantas	Φυτά
Polen	Γύρη
Polinizador	Επικονιαστήσ
Reina	Βασίλισσα
Sol	Ήλιοσ

Actividades
Δραστηριότητες

Actividad	Δραστηριότητα
Arte	Τέχνη
Artesanía	Βιοτεχνία
Caza	Κυνήγι
Cerámica	Κεραμική
Costura	Ράψιμο
Fotografía	Φωτογραφία
Habilidad	Επιδεξιότητα
Intereses	Συμφέροντα
Jardinería	Κηπουρική
Juegos	Παιχνίδια
Lectura	Ανάγνωση
Magia	Μαγεία
Ocio	Αναψυχή
Pesca	Ψάρεμα
Pintura	Ζωγραφική
Placer	Ευχαρίστηση
Relajación	Χαλάρωση
Rompecabezas	Παζλ
Senderismo	Πεζοπορία

Actividades y Ocio
Δραστηριότητες και Αναψυχή

Aficiones	Χόμπι
Arte	Τέχνη
Baloncesto	Μπάσκετ
Béisbol	Μπέιζμπολ
Boxeo	Μποξ
Buceo	Καταδύσεισ
Camping	Κάμπινγκ
Fútbol	Ποδόσφαιρο
Golf	Γκολφ
Jardinería	Κηπουρική
Natación	Κολύμβηση
Pesca	Ψάρεμα
Pintura	Ζωγραφική
Relajante	Χαλαρωτικό
Senderismo	Πεζοπορία
Surf	Σέρφινγκ
Tenis	Τένισ
Viaje	Ταξίδι
Voleibol	Βόλεϊ

Adjetivos #1
Επίθετα #1

Absoluto	Απόλυτη
Activo	Ενεργή
Ambicioso	Φιλόδοξο
Aromático	Αρωματικό
Artístico	Καλλιτεχνική
Atractivo	Ελκυστικό
Brillante	Φωτεινό
Enorme	Τεράστιο
Exótico	Εξωτικό
Generoso	Γενναιόδωρη
Importante	Σημαντικό
Inocente	Αθώοσ
Largo	Μακρύ
Lento	Αργή
Moderno	Μοντέρνο
Oscuro	Σκούρο
Perfecto	Τέλειο
Pesado	Βαριά
Serio	Σοβαρή
Valioso	Πολύτιμα

Adjetivos #2
Επίθετα #2

Cansado	Κουρασμένος
Comestible	Βρώσιμα
Creativo	Δημιουργική
Descriptivo	Περιγραφικό
Dramático	Δραματική
Elegante	Κομψό
Famoso	Διάσημη
Fresco	Φρέσκο
Fuerte	Ισχυρή
Interesante	Ενδιαφέρον
Natural	Φυσική
Normal	Κανονική
Nuevo	Νέα
Orgulloso	Υπεροχη
Picante	Πικάντικο
Productivo	Παραγωγική
Responsable	Υπεύθυνοσ
Salado	Αλμυρή
Saludable	Υγιή
Seco	Ξηρό

Agua
Νερό

Canal	Κανάλι
Ducha	Ντουσ
Evaporación	Εξάτμιση
Helada	Παγωνιά
Hielo	Πάγοσ
Humedad	Υγρασία
Huracán	Χιουρικανασ
Húmedo	Υγρό
Inundación	Πλημμύρα
Lago	Λίμνη
Lluvia	Βροχή
Monzón	Μουσώνασ
Nieve	Χιόνι
Océano	Ωκεανόσ
Olas	Κύματα
Potable	Πόσιμο
Riego	Άρδευση
Río	Ποταμόσ
Vapor	Ατμού

Ajedrez
Σκάκι

Blanco	Λευκό
Campeón	Πρωταθλητήσ
Diagonal	Διαγώνιοσ
Estrategia	Στρατηγική
Juego	Παιχνίδι
Jugador	Παίκτη
Negro	Μαύρο
Oponente	Αντίπαλοσ
Pasivo	Παθητική
Puntos	Σημεία
Reina	Βασίλισσα
Rey	Βασιλιάσ
Sacrificio	Θυσία
Tiempo	Ώρα
Torneo	Τουρνουά

Antártida
Ανταρκτική

Agua	Νερό
Bahía	Κόλπο
Científico	Επιστημονική
Conservación	Διατήρηση
Continente	Ήπειροσ
Ensenada	Όρμο
Expedición	Εκδρομή
Geografía	Γεωγραφία
Hielo	Πάγοσ
Investigador	Ερευνητήσ
Islas	Νησιά
Migración	Μετανάστευση
Minerales	Ορυκτά
Nubes	Σύννεφα
Pájaros	Πουλιά
Península	Χερσόνησο
Pingüinos	Πιγκουίνοι
Rocoso	Βραχώδησ
Temperatura	Θερμοκρασία
Topografía	Τοπογραφία

Arte
Τέχνη

Cerámica	Κεραμική
Complejo	Σύνθετη
Composición	Σύνθεση
Crear	Δημιουργώ
Escultura	Γλυπτική
Expresión	Έκφραση
Humor	Διάθεση
Inspirado	Εμπνευσμένη
Original	Αρχική
Personal	Προσωπικό
Pinturas	Ζωγραφική
Poesía	Ποίηση
Sencillo	Απλόσ
Símbolo	Σύμβολο
Surrealismo	Σουρεαλισμόσ
Tema	Θέμα
Visual	Οπτική

Artes Visuales
Εικαστικές Τέχνες

Arquitectura	Αρχιτεκτονική
Artista	Καλλιτέχνησ
Barniz	Βερνίκι
Caballete	Καβαλέτο
Carbón	Κάρβουνο
Cera	Κερί
Cerámica	Κεραμική
Composición	Σύνθεση
Escultura	Γλυπτική
Fotografía	Φωτογραφία
Lápiz	Μολύβι
Obra Maestra	Αριστούργημα
Película	Ταινία
Perspectiva	Προοπτική
Pintura	Ζωγραφική
Plantilla	Πολυγράφο
Pluma	Στυλό
Retrato	Πορτρέτο
Tiza	Κιμωλία

Astronomía
Αστρονομία

Asteroide	Αστεροειδήσ
Astronauta	Αστροναύτησ
Astrónomo	Αστρονόμοσ
Cielo	Ουρανόσ
Cohete	Ρουκέτα
Constelación	Αστερισμό
Eclipse	Έκλειψη
Equinoccio	Ισημερία
Galaxia	Γαλαξίασ
Gravedad	Βαρύτητα
Luna	Φεγγάρι
Meteoro	Μετέωρο
Observatorio	Παρατηρητήριο
Planeta	Πλανήτησ
Radiación	Ακτινοβολία
Satélite	Δορυφορική
Supernova	Σουπερνόβα
Telescopio	Τηλεσκόπιο
Tierra	Γη
Universo	Σύμπαν

Aventura
Περιπέτεια

Actividad	Δραστηριότητα
Alegría	Χαρά
Amigos	Φίλοι
Belleza	Ομορφιά
Destino	Προορισμόσ
Dificultad	Δυσκολία
Entusiasmo	Ενθουσιασμόσ
Excursión	Εκδρομή
Inusual	Ασυνήθιστο
Itinerario	Δρομολόγιο
Naturaleza	Φύση
Navegación	Πλοήγηση
Nuevo	Νέα
Oportunidad	Ευκαιρία
Peligroso	Επικίνδυνο
Preparación	Παρασκευή
Seguridad	Ασφάλεια
Valentía	Γενναιότητα
Viajes	Ταξίδι

Aviones
Αεροπλάνα

Aire	Αέρασ
Altitud	Υψόμετρο
Altura	Υψοσ
Aterrizaje	Προσγείωση
Atmósfera	Ατμόσφαιρα
Aventura	Περιπέτεια
Cielo	Ουρανόσ
Combustible	Καύσιμο
Construcción	Κατασκευή
Dirección	Κατεύθυνση
Diseño	Σχέδιο
Globo	Μπαλόνι
Hélices	Έλικα
Hidrógeno	Υδρογόνο
Historia	Ιστορία
Motor	Μηχανή
Pasajero	Επιβάτη
Piloto	Πιλοτική
Tripulación	Πλήρωμα
Turbulencia	Αναταραχή

Baile
Χορός

Academia	Ακαδημία
Alegre	Χαρούμενο
Arte	Τέχνη
Clásico	Κλασική
Coreografía	Χορογραφία
Cuerpo	Σώμα
Cultura	Πολιτισμόσ
Cultural	Πολιτιστική
Emoción	Συγκίνηση
Ensayo	Πρόβα
Expresivo	Εκφραστική
Gracia	Χάρη
Movimiento	Κίνηση
Música	Μουσική
Postura	Στάση
Ritmo	Ρυθμού
Socio	Παρτενέρ
Tradicional	Παραδοσιακή
Visual	Οπτική

Ballet
Μπαλέτο

Aplauso	Χειροκρότημα
Artístico	Καλλιτεχνική
Audiencia	Ακροατήριο
Bailarina	Μπαλαρίνα
Bailarines	Χορευτεσ
Compositor	Συνθέτη
Coreografía	Χορογραφία
Ensayo	Πρόβα
Estilo	Στυλ
Expresivo	Εκφραστική
Gesto	Χειρονομία
Habilidad	Επιδεξιότητα
Intensidad	Ένταση
Música	Μουσική
Orquesta	Ορχήστρα
Práctica	Άσκηση
Ritmo	Ρυθμού
Solo	Σόλο
Técnica	Τεχνική

Baño
Μπάνιο

Agua	Νερό
Alfombra	Χαλί
Aseo	Τουαλέτα
Baño	Μπάνιο
Burbujas	Φυσαλίδα
Champú	Σαμπουάν
Ducha	Ντουσ
Espejo	Καθρεφτησ
Esponja	Σφουγγάρι
Grifo	Βρύση
Jabón	Σαπούνι
Loción	Λοσιόν
Perfume	Άρωμα
Tijeras	Ψαλίδι
Toalla	Πετσέτα
Vapor	Ατμού

Barbacoas
Μπάρμπεκιου

Almuerzo	Γεύμα
Caliente	Ζεστό
Cebollas	Κρεμμύδια
Cena	Δείπνο
Cuchillos	Μαχαίρια
Ensaladas	Σαλάτα
Familia	Οικογένεια
Fruta	Φρούτο
Hambre	Πείνα
Juegos	Παιχνίδια
Música	Μουσική
Niños	Παιδί
Parrilla	Σχάρα
Pimienta	Πιπέρι
Pollo	Κοτόπουλο
Sal	Αλάτι
Salsa	Σάλτσα
Tomates	Ντομάτα
Verano	Καλοκαίρι
Verduras	Λαχανικά

Barcos
Σκάφη

Ancla	Άγκυρα
Balsa	Σχεδία
Boya	Σημαδούρα
Canoa	Κανό
Cuerda	Σχοινί
Ferry	Πορθμείο
Kayak	Καγιάκ
Lago	Λίμνη
Mar	Θάλασσα
Marea	Παλίρροια
Marinero	Ναύτησ
Mástil	Κατάρτι
Motor	Μηχανή
Náutico	Ναυτικό
Océano	Ωκεανόσ
Olas	Κύματα
Río	Ποταμόσ
Tripulación	Πλήρωμα
Velero	Ιστιοφόρο
Yate	Γιοτ

Campeonato
Πρωτάθλημα

Campeonato	Πρωτάθλημα
Campeón	Πρωταθλητήσ
Deportes	Αθλητική
Entrenador	Προπονητήσ
Equipo	Ομάδα
Estrategia	Στρατηγική
Finalista	Φιναλίστ
Juegos	Παιχνίδια
Juez	Δικαστήσ
Liga	Ένωση
Medalla	Μετάλλιο
Motivación	Κίνητρο
Rendimiento	Απόδοση
Resistencia	Αντοχή
Torneo	Τουρνουά
Transpiración	Εφίδρωση
Victoria	Νίκη

Camping
Κατασκήνωση

Animales	Ζώα
Aventura	Περιπέτεια
Árboles	Δέντρα
Bosque	Δασοσ
Brújula	Πυξίδα
Cabina	Καμπίνα
Canoa	Κανό
Caza	Κυνήγι
Cuerda	Σχοινί
Equipo	Εξοπλισμόσ
Fuego	Φωτιά
Hamaca	Αιώρα
Insecto	Έντομο
Lago	Λίμνη
Linterna	Φανάρι
Luna	Φεγγάρι
Mapa	Χάρτη
Montaña	Βουνό
Naturaleza	Φύση
Sombrero	Καπέλο

Casa
Σπίτι

Alfombra	Χαλί
Ático	Σοφίτα
Biblioteca	Βιβλιοθήκη
Chimenea	Τζάκι
Cocina	Κουζίνα
Dormitorio	Υπνοδωμάτιο
Ducha	Ντουσ
Escoba	Σκούπα
Espejo	Καθρεφτησ
Garaje	Γκαράζ
Grifo	Βρύση
Jardín	Κήποσ
Lámpara	Λάμπα
Pared	Τοίχοσ
Piso	Πάτωμα
Puerta	Πόρτα
Sótano	Υπόγειο
Techo	Στέγη
Valla	Φρακτησ
Ventana	Παράθυρο

Castillos
Κάστρα

Armadura	Πανοπλία
Caballero	Ιππότησ
Caballo	Άλογο
Catapulta	Καταπέλτησ
Corona	Στέμμα
Dinastía	Δυναστεία
Dragón	Δράκοσ
Escudo	Ασπίδα
Espada	Σπαθί
Feudal	Φεουδαρχική
Fortaleza	Φρούριο
Foso	Τάφροσ
Imperio	Αυτοκρατορία
Noble	Ευγενήσ
Palacio	Παλάτι
Pared	Τοίχοσ
Princesa	Πριγκίπισσα
Príncipe	Πρίγκιπασ
Reino	Βασίλειο
Torre	Πύργοσ

Chocolate
Σοκολάτα

Amargo	Πικρή
Aroma	Άρωμα
Artesanal	Βιοτεχνική
Azúcar	Ζάχαρη
Cacahuetes	Φιστίκια
Cacao	Κακάο
Calidad	Ποιότητα
Calorías	Θερμιδεσ
Caramelo	Καραμέλα
Coco	Καρύδα
Delicioso	Νόστιμο
Dulce	Γλυκό
Exótico	Εξωτικό
Favorito	Αγαπημένοσ
Gusto	Γεύση
Ingrediente	Συστατικό
Polvo	Σκόνη
Receta	Συνταγή

Ciencia
Επιστήμη

Átomo	Άτομο
Científico	Επιστήμονασ
Clima	Κλίμα
Datos	Δεδομένα
Evolución	Εξέλιξη
Experimento	Πείραμα
Física	Φυσική
Fósil	Απολίθωμα
Gravedad	Βαρύτητα
Hecho	Γεγονόσ
Hipótesis	Υπόθεση
Laboratorio	Εργαστήριο
Método	Μέθοδοσ
Minerales	Ορυκτά
Moléculas	Μόρια
Naturaleza	Φύση
Organismo	Οργανισμόσ
Partículas	Σωματίδια
Plantas	Φυτά
Químico	Χημική

Ciencia Ficción
Επιστημονική Φαντασία

Atómico	Ατομικό
Distante	Μακρινό
Escenario	Σενάριο
Explosión	Έκρηξη
Extremo	Άκρο
Fuego	Φωτιά
Futurista	Φουτουριστικό
Galaxia	Γαλαξίας
Ilusión	Ψευδαίσθηση
Imaginario	Φανταστικό
Libros	Βιβλία
Misterioso	Μυστηριώδησ
Mundo	Κόσμο
Novelas	Μυθιστορήματα
Oráculo	Μαντείο
Planeta	Πλανήτησ
Realista	Ρεαλιστική
Robots	Ρομπότ
Tecnología	Τεχνολογία
Utopía	Ουτοπία

Circo
Τσίρκο

Acróbata	Ακροβάτησ
Animales	Ζώα
Billete	Εισιτήριο
Caramelo	Καραμέλα
Carpa	Σκηνή
Desfile	Παρέλαση
Elefante	Ελέφαντασ
Entretener	Διασκεδάσει
Espectador	Θεατήσ
Globos	Μπαλόνια
León	Λιοντάρι
Magia	Μαγεία
Mago	Μάγοσ
Malabarista	Ζογκλέρ
Mono	Μαϊμού
Música	Μουσική
Payaso	Κλόουν
Tigre	Τίγρη
Traje	Κοστούμι
Truco	Κόλπο

Ciudad
Πόλη

Aeropuerto	Αεροδρόμιο
Banco	Τράπεζα
Biblioteca	Βιβλιοθήκη
Clínica	Κλινική
Escuela	Σχολείο
Estadio	Στάδιο
Farmacia	Φαρμακείο
Florista	Ανθοπωλείο
Galería	Συλλογή
Hotel	Ξενοδοχείο
Librería	Βιβλιοπωλείο
Mercado	Αγορά
Museo	Μουσείο
Panadería	Αρτοποιείο
Restaurante	Εστιατόριο
Supermercado	Μάρκετ
Teatro	Θέατρο
Tienda	Αποθηκεύω
Universidad	Πανεπιστήμιο
Zoo	Ζωολογικό

Clima
Καιρός

Atmósfera	Ατμόσφαιρα
Brisa	Αεράκι
Calma	Ηρεμία
Cielo	Ουρανός
Clima	Κλίμα
Hielo	Πάγοσ
Huracán	Χιουρικανασ
Inundación	Πλημμύρα
Monzón	Μουσώνασ
Niebla	Ομίχλη
Nube	Σύννεφο
Polar	Πολική
Rayo	Αστραπή
Seco	Ξηρό
Sequía	Ξηρασία
Temperatura	Θερμοκρασία
Tormenta	Καταιγίδα
Tropical	Τροπική
Trueno	Βροντή
Viento	Άνεμοσ

Cocina
Κουζίνα

Caldera	Βραστήρασ
Comida	Τροφή
Cucharas	Κουτάλια
Cucharón	Κουτάλα
Cuchillos	Μαχαίρια
Delantal	Ποδιά
Especias	Μπαχαρικό
Esponja	Σφουγγάρι
Horno	Φούρνοσ
Jarra	Κανάτα
Palillos	Ξυλάκια
Parrilla	Σχάρα
Receta	Συνταγή
Refrigerador	Ψυγείο
Servilleta	Χαρτοπετσέτα
Tazas	Κύπελλα
Tazón	Μπολ
Tenedores	Πιρούνια

Colores
Χρώματα

Amarillo	Κίτρινο
Azul	Μπλε
Azur	Γαλάζιο
Beige	Μπεζ
Blanco	Λευκό
Cian	Κυανό
Fucsia	Φούξια
Gris	Γκρι
Índigo	Λουλακί
Marrón	Καφέ
Naranja	Πορτοκάλι
Negro	Μαύρο
Púrpura	Μοβ
Rojo	Κόκκινο
Rosa	Ροζ
Sepia	Σέπια
Verde	Πράσινο
Violeta	Βιολετί

Comedia
Κωμωδία

Actor	Φορέασ
Actriz	Ηθοποιόσ
Aplauso	Χειροκρότημα
Audiencia	Ακροατήριο
Chistes	Αστεία
Diversión	Διασκέδαση
Expresivo	Εκφραστική
Género	Είδοσ
Gracioso	Αστείο
Humor	Χιούμορ
Parodia	Παρωδία
Payasos	Κλόουν
Risa	Γέλιο
Teatro	Θέατρο
Televisión	Τηλεόραση

Comida #1
Τρόφιμα #1

Ajo	Σκόρδο
Albahaca	Βασιλικού
Atún	Τόνοσ
Azúcar	Ζάχαρη
Canela	Κανέλα
Carne	Κρέασ
Cebada	Κριθάρι
Cebolla	Κρεμμύδι
Ensalada	Σαλάτα
Espinacas	Σπανάκι
Fresa	Φράουλα
Jugo	Χυμόσ
Leche	Γάλα
Limón	Λεμόνι
Menta	Μέντα
Nabo	Γογγύλι
Pera	Αχλάδι
Sal	Αλάτι
Sopa	Σούπα
Zanahoria	Καρότο

Comida #2
Τρόφιμα #2

Alcachofa	Αγκινάρα
Almendra	Αμύγδαλο
Apio	Σέλινο
Arroz	Ρύζι
Berenjena	Μελιτζάνα
Cereza	Κεράσι
Chocolate	Σοκολάτα
Girasol	Ηλιοτρόπιο
Huevo	Αυγό
Jengibre	Τζίντζερ
Kiwi	Ακτινίδιο
Manzana	Μήλο
Pan	Ψωμί
Plátano	Μπανάνα
Pollo	Κοτόπουλο
Queso	Τυρί
Tomate	Ντομάτα
Trigo	Σιτάρι
Uva	Σταφύλι
Yogur	Γιαούρτι

Conduciendo
Οδήγηση

Accidente	Ατύχημα
Calle	Δρόμο
Camión	Φορτηγό
Coche	Αυτοκίνητο
Combustible	Καύσιμο
Frenos	Φρένα
Garaje	Γκαράζ
Gas	Αέριο
Licencia	Άδεια
Mapa	Χάρτη
Motocicleta	Μοτοσυκλέτα
Motor	Μοτέρ
Peatonal	Πεζόσ
Peligro	Κινδύνου
Policía	Αστυνομία
Seguridad	Ασφάλεια
Transporte	Μεταφορά
Tráfico	Κυκλοφορία
Túnel	Σήραγγα
Velocidad	Ταχύτητα

Cuerpo Humano
Ανθρώπινο Σώμα

Barbilla	Πηγούνι
Boca	Στόμα
Cabeza	Κεφάλι
Cara	Πρόσωπο
Cerebro	Μυαλό
Codo	Αγκώνα
Corazón	Καρδιά
Cuello	Λαιμός
Dedo	Δάχτυλο
Hombro	Ώμοσ
Lengua	Γλώσσα
Mano	Χέρι
Nariz	Μύτη
Ojo	Μάτι
Oreja	Αυτί
Piel	Δέρμα
Pierna	Πόδι
Rodilla	Γόνατο
Sangre	Αίμα
Tobillo	Αστράγαλοσ

Cumpleaños
Γενέθλια

Alegre	Χαρούμενο
Amigos	Φίλοι
Año	Ετοσ
Calendario	Ημερολόγιο
Canción	Τραγούδι
Celebración	Γιορτή
Diversión	Διασκέδαση
Día	Μέρα
Especial	Ειδική
Feliz	Ευτυχισμένο
Invitaciones	Πρόσκληση
Pastel	Κέικ
Regalo	Δώρο
Sabiduría	Σοφία
Tarjetas	Κάρτεσ
Tiempo	Ώρα
Velas	Κερί

Deportes
Αθλητισμός

Atleta	Αθλητήσ
Árbitro	Διαιτητήσ
Baloncesto	Μπάσκετ
Béisbol	Μπέιζμπολ
Bicicleta	Ποδήλατο
Campeonato	Πρωτάθλημα
Entrenador	Προπονητήσ
Equipo	Ομάδα
Estadio	Στάδιο
Ganador	Νικητήσ
Gimnasia	Γυμναστική
Gimnasio	Γυμνάσιο
Golf	Γκολφ
Hockey	Χόκεϊ
Juego	Παιχνίδι
Jugador	Παίκτη
Movimiento	Κίνηση
Tenis	Τένισ

Dinosaurios
Δεινόσαυροι

Alas	Φτερά
Carnívoro	Σαρκοφάγο
Cola	Ουρά
Desaparición	Εξαφάνιση
Enorme	Τεράστιο
Especie	Είδοσ
Evolución	Εξέλιξη
Fósiles	Απολιθώματα
Herbívoro	Φυτοφάγα
Mamut	Μαμούθ
Omnívoro	Παμφάγα
Poderoso	Ισχυρό
Prehistórico	Προϊστορική
Presa	Θήραμα
Raptor	Αρπακτικό
Reptil	Ερπετό
Tamaño	Μέγεθοσ
Tierra	Γη

Disciplinas Científicas
Επιστημονικοί Κλάδοι

Anatomía	Ανατομία
Arqueología	Αρχαιολογία
Astronomía	Αστρονομία
Biología	Βιολογία
Bioquímica	Βιοχημεία
Botánica	Βοτανική
Ecología	Οικολογία
Fisiología	Φυσιολογία
Geología	Γεωλογία
Inmunología	Ανοσολογία
Lingüística	Γλωσσολογία
Mecánica	Μηχανική
Meteorología	Μετεωρολογία
Mineralogía	Ορυκτολογία
Neurología	Νευρολογία
Psicología	Ψυχολογία
Química	Χημεία
Sociología	Κοινωνιολογία
Termodinámica	Θερμοδυναμική
Zoología	Ζωολογία

Días y Meses
Ημέρες και Μήνες

Abril	Απριλίου
Agosto	Αυγούστου
Año	Ετοσ
Calendario	Ημερολόγιο
Domingo	Κυριακή
Enero	Ιανουαρίου
Febrero	Φεβρουαρίου
Jueves	Πέμπτη
Julio	Ιουλίου
Junio	Ιουνίου
Lunes	Δευτέρα
Martes	Τρίτη
Mes	Μήνασ
Miércoles	Τετάρτη
Noviembre	Νοεμβρίου
Octubre	Οκτωβρίου
Sábado	Σάββατο
Semana	Εβδομάδα
Septiembre	Σεπτεμβρίου
Viernes	Παρασκευή

Ecología
Οικολογία

Clima	Κλίμα
Comunidades	Κοινότητα
Diversidad	Ποικιλία
Especie	Είδοσ
Fauna	Πανίδα
Flora	Χλωρίδα
Global	Παγκόσμια
Marino	Θαλάσσιο
Montañas	Βουνά
Natural	Φυσική
Naturaleza	Φύση
Plantas	Φυτά
Recursos	Πόρων
Sequía	Ξηρασία
Sostenible	Βιώσιμη
Supervivencia	Επιβίωση
Vegetación	Βλάστηση
Voluntarios	Εθελοντέσ

Edificios
Κτίρια

Albergue	Ξενώνασ
Apartamento	Διαμέρισμα
Cabina	Καμπίνα
Castillo	Κάστρο
Embajada	Πρεσβεία
Escuela	Σχολείο
Estadio	Στάδιο
Fábrica	Εργοστάσιο
Garaje	Γκαράζ
Granero	Αχυρώνα
Granja	Αγρόκτημα
Hospital	Νοσοκομείο
Hotel	Ξενοδοχείο
Laboratorio	Εργαστήριο
Museo	Μουσείο
Observatorio	Παρατηρητήριο
Supermercado	Μάρκετ
Teatro	Θέατρο
Torre	Πύργος
Universidad	Πανεπιστήμιο

Emociones
Συναισθήματα

Aburrimiento	Πλήξη
Agradecido	Ευγνώμων
Alegría	Χαρά
Alivio	Ανακούφιση
Amor	Αγάπη
Beatitud	Ευδαιμονία
Bondad	Καλοσύνη
Contenido	Περιεχόμενο
Ira	Θυμός
Miedo	Φόβος
Paz	Ειρήνη
Relajado	Χαλαρή
Satisfecho	Ικανοποίησα
Simpatía	Συμπόνια
Sorpresa	Έκπληξη
Ternura	Τρυφερότητα
Tranquilidad	Ηρεμία
Tristeza	Θλίψη

Escalada
Αναρρίχηση

Altitud	Υψόμετρο
Atmósfera	Ατμόσφαιρα
Botas	Μπότεσ
Casco	Κράνοσ
Cueva	Σπήλαιο
Curiosidad	Περιέργεια
Estabilidad	Σταθερότητα
Estrecho	Στενό
Físico	Φυσική
Formación	Κατάρτιση
Fuerza	Δύναμη
Guantes	Γάντια
Guías	Οδηγοί
Lesión	Τραυματισμό
Mapa	Χάρτη
Senderismo	Πεζοπορία
Terreno	Έδαφοσ

Escuela #1
Σχολείο #1

Alfabeto	Αλφάβητο
Almuerzo	Γεύμα
Amigos	Φίλοι
Aula	Τάξη
Biblioteca	Βιβλιοθήκη
Carpetas	Φακελοι
Diversión	Διασκέδαση
Escritorio	Γραφείο
Examen	Κουίζ
Exámenes	Εξετάσεις
Lápiz	Μολύβι
Libros	Βιβλια
Matemática	Μαθηματικά
Números	Αριθμοί
Papel	Χαρτί
Plumas	Στυλό
Profesor	Δάσκαλοσ
Respuestas	Απάντηση
Silla	Καρέκλα

Escuela #2
Σχολείο #2

Académico	Ακαδημαϊκή
Autobús	Λεωφορείο
Biblioteca	Βιβλιοθήκη
Calendario	Ημερολόγιο
Ciencia	Επιστήμη
Diccionario	Λεξικό
Educación	Εκπαίδευση
Gramática	Γραμματική
Juegos	Παιχνίδια
Lápiz	Μολύβι
Lectura	Ανάγνωση
Libros	Βιβλια
Literatura	Λογοτεχνία
Mochila	Σακίδιο
Ordenador	Υπολογιστή
Papel	Χαρτί
Profesor	Δάσκαλοσ
Ropa	Ρούχα
Suministros	Παροχή
Tijeras	Ψαλίδι

Especias
Μπαχαρικά

Agrio	Ξινή
Ajo	Σκόρδο
Amargo	Πικρή
Anís	Γλυκάνισο
Azafrán	Κροκοσ
Canela	Κανέλα
Cebolla	Κρεμμύδι
Clavo	Γαρύφαλλο
Comino	Κύμινο
Curry	Κάρυ
Dulce	Γλυκό
Hinojo	Μάραθο
Jengibre	Τζίντζερ
Nuez Moscada	Μοσχοκάρυδο
Pimentón	Πάπρικα
Pimienta	Πιπέρι
Regaliz	Γλυκόριζα
Sabor	Γεύση
Sal	Αλάτι
Vainilla	Βανίλια

Familia
Οικογένεια

Abuela	Γιαγιά
Abuelo	Παππούσ
Antepasado	Πρόγονοσ
Esposa	Γυναίκα
Gemelos	Δίδυμα
Hermana	Αδελφή
Hermano	Αδελφοσ
Hija	Κόρη
Madre	Μητέρα
Marido	Σύζυγοσ
Materno	Μητρική
Nieto	Εγγόνι
Niño	Παιδί
Padre	Πατέρασ
Paterno	Πατρική
Primo	Ξαδέρφη
Sobrina	Ανιψιά
Sobrino	Ανιψιόσ
Tía	Θεία
Tío	Θείοσ

Flores
Λουλούδια

Amapola	Παπαρούνα
Caléndula	Καλέντουλα
Diente de León	Πικραλίδα
Gardenia	Γαρδένια
Girasol	Ηλιοτρόπιο
Hibisco	Ιβίσκοσ
Jazmín	Γιασεμί
Lavanda	Λεβάντα
Lila	Πασχαλιά
Lirio	Κρίνοσ
Magnolia	Μανόλια
Margarita	Μαργαρίτα
Orquídea	Ορχιδέα
Pasionaria	Πασσιφλόρα
Peonía	Παιωνία
Pétalo	Πέταλο
Ramo	Μπουκέτο
Rosa	Τριαντάφυλλο
Trébol	Τριφύλλι
Tulipán	Τουλίπα

Formas
Σχήματα

Arco	Τόξο
Bordes	Άκρη
Cilindro	Κύλινδροσ
Círculo	Κύκλοσ
Cono	Κώνοσ
Cuadrado	Πλατεία
Cubo	Κύβοσ
Curva	Καμπύλη
Elipse	Έλλειψη
Esfera	Σφαίρα
Esquina	Γωνία
Hipérbola	Υπερβολή
Lado	Πλευρά
Línea	Γραμμή
Oval	Οβάλ
Pirámide	Πυραμίδα
Polígono	Πολύγωνο
Prisma	Πρίσμα
Rectángulo	Ορθογώνιο
Triángulo	Τριγώνου

Fruta
Φρούτα

Aguacate	Αβοκάντο
Albaricoque	Βερίκοκο
Baya	Μούρο
Cereza	Κεράσι
Coco	Καρύδα
Frambuesa	Βατόμουρο
Guayaba	Γκουάβα
Kiwi	Ακτινίδιο
Limón	Λεμόνι
Mango	Μάνγκο
Manzana	Μήλο
Melocotón	Ροδάκινο
Melón	Πεπόνι
Naranja	Πορτοκάλι
Nectarina	Νεκταρίνι
Papaya	Παπάγια
Pera	Αχλάδι
Piña	Ανανά
Plátano	Μπανάνα
Uva	Σταφύλι

Gatos
Γάτες

Cazador	Κυνηγόσ
Cola	Ουρά
Curioso	Περίεργοσ
Dormir	Κοιμάμαι
Garra	Νύχι
Gracioso	Αστείο
Hilo	Νήμα
Independiente	Ανεξάρτητη
Juguetón	Παιχνιδιάρικο
Loco	Τρελό,
Pata	Πόδι
Personalidad	Προσωπικότητα
Piel	Γούνα
Ratón	Ποντίκι
Salvaje	Άγριο
Tímido	Ντροπαλόσ

Geografía
Γεωγραφία

Altitud	Υψόμετρο
Atlas	Άτλαντα
Ciudad	Πόλη
Continente	Ήπειροσ
Ecuador	Ισημερινόσ
Hemisferio	Ημισφαίριο
Isla	Νησί
Longitud	Γεωγραφικό
Mapa	Χάρτη
Mar	Θάλασσα
Meridiano	Μεσημβρινό
Montaña	Βουνό
Mundo	Κόσμο
Norte	Βορρά
Oeste	Δύση
País	Χώρα
Región	Περιοχή
Río	Ποταμόσ
Sur	Νότια
Territorio	Έδαφοσ

Geología
Γεωλογία

Ácido	Οξύ
Calcio	Ασβέστιο
Capa	Στρώμα
Caverna	Σπήλαιο
Continente	Ήπειροσ
Coral	Κοράλλι
Cristales	Κρύσταλλα
Cuarzo	Χαλαζία
Erosión	Διάβρωση
Estalactita	Σταλακτίτησ
Estalagmitas	Σταλαγμιτεσ
Fósil	Απολίθωμα
Lava	Λάβα
Meseta	Οροπέδιο
Minerales	Ορυκτά
Piedra	Πέτρα
Sal	Αλάτι
Terremoto	Σεισμόσ
Volcán	Ηφαίστειο
Zona	Ζώνη

Granja #1
Αγρόκτημα #1

Abeja	Μέλισσα
Agricultura	Γεωργία
Agua	Νερό
Arroz	Ρύζι
Burro	Γαϊδούρι
Caballo	Άλογο
Cabra	Γίδα
Campo	Πεδίο
Cuervo	Κοράκι
Fertilizante	Λίπασμα
Gato	Γάτα
Heno	Σανό
Miel	Μέλι
Perro	Σκύλοσ
Pollo	Κοτόπουλο
Semillas	Σπόροι
Ternero	Μοσχάρι
Tierra	Γη
Vaca	Αγελάδα
Valla	Φρακτησ

Granja #2
Αγρόκτημα #2

Agricultor	Αγροτησ
Animales	Ζώα
Cebada	Κριθάρι
Colmena	Κυψέλη
Comida	Τροφή
Cordero	Αρνί
Fruta	Φρούτο
Granero	Αχυρώνα
Huerto	Περιβόλι
Leche	Γάλα
Llama	Λάμα
Maíz	Καλαμπόκι
Oveja	Πρόβατο
Pastor	Βοσκόσ
Pato	Πάπια
Prado	Λιβάδι
Riego	Άρδευση
Tractor	Τρακτέρ
Trigo	Σιτάρι
Vegetal	Φυτό

Herboristería
Βοτανολογία

Ajo	Σκόρδο
Albahaca	Βασιλικού
Aromático	Αρωματικό
Azafrán	Κροκοσ
Calidad	Ποιότητα
Culinario	Μαγειρική
Eneldo	Άνηθο
Estragón	Εστραγκόν
Flor	Λουλούδι
Hinojo	Μάραθο
Ingrediente	Συστατικό
Jardín	Κήποσ
Lavanda	Λεβάντα
Mejorana	Μαντζουράνα
Menta	Μέντα
Perejil	Μαϊντανόσ
Planta	Φυτό
Romero	Δενδρολίβανο
Sabor	Γεύση
Verde	Πράσινο

Insectos
Έντομα

Abeja	Μέλισσα
Avispa	Σφήκα
Áfido	Μελίγκρα
Cigarra	Τζιτζίκι
Cucaracha	Κατσαρίδα
Escarabajo	Σκαθάρι
Gusano	Σκουλήκι
Hormiga	Μυρμήγκι
Larva	Προνύμφη
Mantis	Μάντησ
Mariposa	Πεταλούδα
Mariquita	Πασχαλίτσα
Mosquito	Κουνούπι
Polilla	Σκώροσ
Pulga	Υπαίθρια
Saltamontes	Ακρίδα
Termita	Τερμίτησ

Instrumentos Musicales
Μουσικά Όργανα

Armónica	Φυσαρμόνικα
Arpa	Άρπα
Banjo	Μπάντζο
Clarinete	Κλαρινέτο
Fagot	Φαγκότο
Flauta	Φλάουτο
Gong	Γκονγκ
Guitarra	Κιθάρα
Mandolina	Μαντολίνο
Marimba	Μαρίμπα
Oboe	Όμποε
Pandereta	Ντέφι
Percusión	Κρούση
Piano	Πιάνο
Saxofón	Σαξόφωνο
Tambor	Τύμπανο
Trombón	Τρομπόνι
Trompeta	Τρομπέτα
Violín	Βιολί
Violonchelo	Βιολοντσέλο

Jardín
Κήπος

Árbol	Δέντρο
Banco	Παγκάκι
Césped	Γκαζόν
Estanque	Λίμνη
Flor	Λουλούδι
Garaje	Γκαράζ
Hamaca	Αιώρα
Hierba	Γρασίδι
Huerto	Περιβόλι
Jardín	Κήποσ
Malezas	Ζιζάνια
Manguera	Σωλήνα
Pala	Φτυάρι
Rastrillo	Τσουγκράνα
Terraza	Βεράντα
Trampolín	Τραμπολίνο
Valla	Φρακτησ
Vid	Αμπέλι

Juguetes
Παιχνίδια

Ajedrez	Σκάκι
Artesanía	Βιοτεχνία
Avión	Αεροπλάνο
Barco	Βάρκα
Bicicleta	Ποδήλατο
Bola	Μπάλα
Camión	Φορτηγό
Coche	Αυτοκίνητο
Cometa	Χαρταετός
Favorito	Αγαπημένοσ
Imaginación	Φαντασία
Juegos	Παιχνίδια
Libros	Βιβλια
Muñeca	Κούκλα
Pinturas	Χρώματα
Robot	Ρομπότ
Rompecabezas	Παζλ
Tambores	Τύμπανα
Tren	Τρένο

Libros
Βιβλία

Autor	Συγγραφέασ
Aventura	Περιπέτεια
Colección	Συλλογή
Contexto	Πλαίσιο
Dualidad	Δυαδικότητα
Escrito	Γραπτή
Historia	Ιστορία
Histórico	Ιστορικό
Humorístico	Χιουμοριστικό
Inventivo	Εφευρετική
Lector	Αναγνώστησ
Literario	Λογοτεχνική
Narrador	Αφηγητήσ
Novela	Μυθιστόρημα
Página	Σελίδα
Pertinente	Σχετική
Poema	Ποίημα
Poesía	Ποίηση
Serie	Σειρά
Trágico	Τραγική

Literatura
Λογοτεχνία

Analogía	Αναλογία
Análisis	Ανάλυση
Anécdota	Ανέκδοτο
Autor	Συγγραφέασ
Biografía	Βιογραφία
Comparación	Σύγκριση
Conclusión	Συμπέρασμα
Descripción	Περιγραφή
Diálogo	Διάλογοσ
Estilo	Στυλ
Ficción	Φαντασία
Metáfora	Μεταφορά
Narrador	Αφηγητήσ
Novela	Μυθιστόρημα
Opinión	Γνώμη
Poema	Ποίημα
Poético	Ποιητική
Ritmo	Ρυθμού
Tema	Θέμα
Tragedia	Τραγωδία

Mamíferos
Θηλαστικά

Ballena	Φάλαινα
Burro	Γαϊδούρι
Caballo	Άλογο
Camello	Καμήλα
Canguro	Καγκουρό
Cebra	Ζέβρα
Conejo	Κουνέλι
Coyote	Κογιότ
Delfín	Δελφίνι
Elefante	Ελέφαντασ
Gato	Γάτα
Gorila	Γορίλασ
Jirafa	Καμηλοπάρδαλη
Lobo	Λύκοσ
Mono	Μαϊμού
Oso	Αρκούδα
Oveja	Πρόβατο
Perro	Σκύλοσ
Toro	Ταύροσ
Zorro	Αλεπού

Mascotas
Κατοικίδια

Agua	Νερό
Cabra	Γίδα
Cachorro	Κουτάβι
Cola	Ουρά
Collar	Κολάρο
Comida	Τροφή
Conejo	Κουνέλι
Correa	Λουρί
Garras	Νύχια
Gato	Γάτα
Hámster	Χάμστερ
Lagarto	Σαύρα
Loro	Παπαγάλοσ
Patas	Πόδια
Perro	Σκύλοσ
Pescado	Ψάρι
Ratón	Ποντίκι
Tortuga	Χελώνα
Vaca	Αγελάδα
Veterinario	Κτηνίατροσ

Matemáticas
Μαθηματικά

Aritmética	Αριθμητική
Ángulos	Γωνία
Circunferencia	Περιφέρεια
Cuadrado	Πλατεία
Decimal	Δεκαδικό
Diámetro	Διάμετροσ
Ecuación	Εξίσωση
Esfera	Σφαίρα
Exponente	Εκθέτη
Fracción	Κλάσμα
Geometría	Γεωμετρία
Paralelo	Παράλληλη
Perímetro	Περίμετρο
Perpendicular	Κάθετοσ
Polígono	Πολύγωνο
Radio	Ακτίνα
Rectángulo	Ορθογώνιο
Simetría	Συμμετρία
Triángulo	Τριγώνου
Volumen	Ένταση

Mediciones
Μετρήσεις

Altura	Υψοσ
Ancho	Πλάτοσ
Byte	Ψηφιολεξη
Centímetro	Εκατοστό
Decimal	Δεκαδικό
Grado	Βαθμόσ
Gramo	Γραμμάριο
Kilogramo	Χιλιόγραμμο
Kilómetro	Χιλιόμετρο
Litro	Λίτρο
Longitud	Μήκοσ
Masa	Μάζα
Metro	Μέτρο
Minuto	Λεπτό
Onza	Ουγγιά
Peso	Ζυγίζω
Profundidad	Βάθοσ
Pulgada	Ίντσα
Tonelada	Τόνοσ
Volumen	Ένταση

Meditación
Διαλογισμός

Aceptación	Αποδοχή
Atención	Προσοχή
Bondad	Καλοσύνη
Calma	Ηρεμία
Claridad	Σαφήνεια
Compasión	Συμπόνια
Emociones	Συναισθήματα
Gratitud	Ευγνωμοσύνη
Mental	Ψυχική
Mente	Μυαλό
Movimiento	Κίνηση
Música	Μουσική
Naturaleza	Φύση
Observación	Παρατήρηση
Paz	Ειρήνη
Pensamientos	Σκέψη
Perspectiva	Προοπτική
Postura	Στάση
Respiración	Αναπνοή
Silencio	Σιωπή

Mitología
Μυθολογία

Arquetipo	Αρχέτυπο
Celos	Ζήλια
Comportamiento	Συμπεριφορά
Creación	Δημιουργία
Creencias	Πεποιθήσεισ
Criatura	Πλάσμα
Cultura	Πολιτισμόσ
Desastre	Καταστροφή
Fuerza	Δύναμη
Guerrero	Πολεμιστήσ
Heroína	Ηρωίδα
Héroe	Ήρωασ
Inmortalidad	Αθανασία
Laberinto	Λαβύρινθοσ
Leyenda	Θρύλοσ
Monstruo	Τέρασ
Mortal	Θνητόσ
Rayo	Αστραπή
Trueno	Βροντή
Venganza	Εκδίκηση

Mueble
Έπιπλα

Alfombra	Χαλί
Almohada	Μαξιλάρι
Banco	Παγκάκι
Cama	Κρεβάτι
Cojines	Μαξιλάρια
Colchón	Στρώμα
Cortinas	Κουρτίνα
Cómoda	Κομμό
Escritorio	Γραφείο
Espejo	Καθρεφτησ
Estantería	Βιβλιοθήκη
Estantes	Ράφια
Futón	Φουτόν
Hamaca	Αιώρα
Lámpara	Λάμπα
Silla	Καρέκλα
Sillón	Πολυθρόνα
Sofá	Καναπέ

Naturaleza
Φύση

Abejas	Μέλισσεσ
Animales	Ζώα
Ártico	Αρκτική
Belleza	Ομορφιά
Bosque	Δασοσ
Desierto	Ερήμου
Dinámico	Δυναμική
Erosión	Διάβρωση
Follaje	Φύλλωμα
Glaciar	Παγετώνασ
Niebla	Ομίχλη
Nubes	Σύννεφα
Pacífico	Ειρηνική
Refugio	Καταφύγιο
Río	Ποταμόσ
Salvaje	Άγριο
Santuario	Ιερό
Sereno	Γαλήνιο
Tropical	Τροπική
Vital	Ζωτική

Nutrición
Διατροφή

Amargo	Πικρή
Apetito	Όρεξη
Calidad	Ποιότητα
Calorías	Θερμιδεσ
Cereales	Δημητριακά
Comestible	Βρώσιμα
Dieta	Διατροφή
Digestión	Πέψη
Equilibrado	Ισορροπημένη
Fermentación	Ζύμωση
Líquidos	Υγρά
Nutriente	Θρεπτική
Peso	Ζυγίζω
Proteínas	Πρωτεϊνεσ
Sabor	Γεύση
Salsa	Σάλτσα
Salud	Υγεία
Saludable	Υγιή
Toxina	Τοξίνη
Vitamina	Βιταμίνη

Números
Αριθμοί

Catorce	Δεκατέσσερα
Cero	Μηδέν
Cinco	Πέντε
Cuatro	Τέσσερα
Decimal	Δεκαδικό
Diecinueve	Δεκαεννέα
Dieciocho	Δεκαοκτώ
Dieciséis	Δεκαέξι
Diecisiete	Δεκαεπτά
Diez	Δέκα
Doce	Δώδεκα
Dos	Δύο
Nueve	Εννέα
Ocho	Οκτώ
Quince	Δεκαπέντε
Seis	Έξι
Siete	Επτά
Trece	Δεκατρία
Tres	Τρία
Veinte	Είκοσι

Océano
Ωκεανός

Alga	Άλγη
Anguila	Χέλι
Arrecife	Ξέρα
Atún	Τόνοσ
Ballena	Φάλαινα
Barco	Βάρκα
Camarón	Γαρίδα
Cangrejo	Καβούρι
Coral	Κοράλλι
Delfín	Δελφίνι
Esponja	Σφουγγάρι
Mareas	Παλίρροια
Medusa	Μέδουσεσ
Ostra	Στρείδι
Pescado	Ψάρι
Pulpo	Χταπόδι
Sal	Αλάτι
Tiburón	Καρχαρίασ
Tormenta	Καταιγίδα
Tortuga	Χελώνα

Paisajes
Τοπία

Cascada	Καταρράκτη
Cueva	Σπήλαιο
Desierto	Ερήμου
Estuario	Εκβολή
Glaciar	Παγετώνασ
Golfo	Κόλποσ
Iceberg	Παγόβουνο
Isla	Νησί
Lago	Λίμνη
Laguna	Λιμνοθάλασσα
Mar	Θάλασσα
Montaña	Βουνό
Oasis	Όαση
Pantano	Βάλτοσ
Península	Χερσόνησο
Playa	Παραλία
Río	Ποταμόσ
Tundra	Τούνδρα
Valle	Κοιλάδα
Volcán	Ηφαίστειο

Países #2
Χώρες #2

Albania	Αλβανία
Australia	Αυστραλία
Austria	Αυστρία
Dinamarca	Δανία
Etiopía	Αιθιοπία
Francia	Γαλλία
Grecia	Ελλάδα
Indonesia	Ινδονησία
Irlanda	Ιρλανδία
Jamaica	Τζαμάικα
Japón	Ιαπωνία
Laos	Λάοσ
México	Μεξικό
Pakistán	Πακιστάν
Portugal	Πορτογαλία
Rusia	Ρωσία
Siria	Συρία
Sudán	Σουδάν
Ucrania	Ουκρανία
Uganda	Ουγκάντα

Pájaros
Πουλιά

Águila	Αετόσ
Canario	Καναρίνι
Cigüeña	Πελαργόσ
Cisne	Κύκνοσ
Cuco	Κούκοσ
Cuervo	Κοράκι
Flamenco	Φλαμίνγκο
Ganso	Χήνα
Garza	Ερωδιοσ
Gaviota	Γλάροσ
Gorrión	Σπουργίτι
Halcón	Γεράκι
Huevo	Αυγό
Loro	Παπαγάλοσ
Paloma	Περιστέρι
Pato	Πάπια
Pelícano	Πελεκαν
Pingüino	Πιγκουίνοσ
Pollo	Κοτόπουλο
Tucán	Τουκάν

Pesca
Ψάρεμα

Agua	Νερό
Aletas	Πτερύγια
Barco	Βάρκα
Branquias	Βράγχια
Cable	Σύρμα
Cebo	Δόλωμα
Cesta	Καλάθι
Equipo	Εξοπλισμόσ
Exageración	Υπερβολή
Gancho	Άγκιστρο
Lago	Λίμνη
Mandíbula	Σαγόνι
Océano	Ωκεανόσ
Paciencia	Υπομονή
Peso	Ζυγίζω
Playa	Παραλία
Río	Ποταμόσ
Temporada	Εποχή

Piratas
Πειρατές

Ancla	Άγκυρα
Aventura	Περιπέτεια
Bandera	Σημαία
Brújula	Πυξίδα
Capitán	Λοχαγόσ
Cicatriz	Ουλή
Cueva	Σπήλαιο
Espada	Σπαθί
Isla	Νησί
Leyenda	Θρύλοσ
Loro	Παπαγάλοσ
Malo	Κακό
Mapa	Χάρτη
Monedas	Κέρματα
Oro	Χρυσόσ
Peligro	Κινδύνου
Playa	Παραλία
Ron	Ρούμι
Tesoro	Θησαυρόσ
Tripulación	Πλήρωμα

Plantas
Φυτά

Árbol	Δέντρο
Bambú	Μπαμπού
Baya	Μούρο
Bosque	Δασοσ
Botánica	Βοτανική
Cactus	Κάκτοσ
Fertilizante	Λίπασμα
Flor	Λουλούδι
Flora	Χλωρίδα
Follaje	Φύλλωμα
Frijol	Φασόλι
Hiedra	Κισσόσ
Hierba	Βότανο
Hoja	Φύλλο
Jardín	Κήποσ
Musgo	Βρύα
Pétalo	Πέταλο
Raíz	Ρίζα
Sol	Ήλιοσ
Vegetación	Βλάστηση

Playa
Παραλία

Arena	Άμμο
Arrecife	Ξέρα
Azul	Μπλε
Barco	Βάρκα
Cangrejo	Καβούρι
Costa	Ακτή
Isla	Νησί
Laguna	Λιμνοθάλασσα
Mar	Θάλασσα
Océano	Ωκεανόσ
Paraguas	Ομπρέλα
Sandalias	Σανδάλια
Sol	Ήλιοσ
Toalla	Πετσέτα
Vacaciones	Διακοπέσ
Velero	Ιστιοφόρο

Profesiones #1
Επαγγέλματα #1

Abogado	Δικηγόροσ
Astrónomo	Αστρονόμοσ
Atleta	Αθλητήσ
Bailarín	Χορευτήσ
Banquero	Τραπεζίτησ
Bombero	Πυροσβέστησ
Cartógrafo	Χαρτογράφοσ
Cazador	Κυνηγόσ
Científico	Επιστήμονασ
Doctor	Διδάκτωρ
Editor	Επεξεργασία
Embajador	Πρέσβησ
Enfermera	Νοσοκόμα
Entrenador	Προπονητήσ
Fontanero	Υδραυλικόσ
Geólogo	Γεωλόγοσ
Músico	Μουσικόσ
Pianista	Πιανίστασ
Psicólogo	Ψυχολόγοσ
Veterinario	Κτηνίατροσ

Profesiones #2
Επαγγέλματα #2

Agricultor	Αγροτησ
Astronauta	Αστροναύτησ
Biólogo	Βιολόγοσ
Cirujano	Χειρουργόσ
Dentista	Οδοντίατροσ
Detective	Ντετέκτιβ
Filósofo	Φιλόσοφοσ
Fotógrafo	Φωτογράφοσ
Ilustrador	Εικονογράφοσ
Ingeniero	Μηχανικόσ
Inventor	Εφευρέτησ
Investigador	Ερευνητήσ
Jardinero	Κηπουρόσ
Lingüista	Γλωσσολόγοσ
Médico	Ιατροσ
Periodista	Δημοσιογράφοσ
Piloto	Πιλοτική
Pintor	Ζωγράφοσ
Profesor	Δάσκαλοσ
Zoólogo	Ζωολόγοσ

Rellenar
Για Γέμισμα

Bandeja	Δίσκοσ
Barril	Βαρέλι
Bolsa	Σακούλα
Bolsillo	Τσέπη
Botella	Μπουκάλι
Caja	Κουτί
Cajón	Συρτάρι
Carpeta	Φάκελο
Cartón	Χαρτοκιβώτιο
Cesta	Καλάθι
Cuenca	Λεκάνη
Jarrón	Βάζο
Maleta	Βαλίτσα
Paquete	Πακέτο
Sobre	Φάκελοσ
Tubo	Σωλήνασ

Restaurante #1
Εστιατόριο #1

Alergia	Αλλεργία
Café	Καφέ
Camarera	Σερβιτόρα
Carne	Κρέασ
Cocina	Κουζίνα
Comida	Τροφή
Cuchillo	Μαχαίρι
Ingredientes	Συστατικά
Menú	Μενού
Pan	Ψωμί
Picante	Πικάντικο
Plato	Πλάκα
Pollo	Κοτόπουλο
Postre	Επιδόρπιο
Reserva	Κράτηση
Salsa	Σάλτσα
Servilleta	Χαρτοπετσέτα
Tazón	Μπολ

Restaurante #2
Εστιατόριο #2

Agua	Νερό
Almuerzo	Γεύμα
Aperitivo	Ορεκτικό
Bebida	Ποτό
Camarero	Σερβιτόροσ
Cena	Δείπνο
Cuchara	Κουτάλι
Delicioso	Νόστιμο
Ensalada	Σαλάτα
Especias	Μπαχαρικό
Fruta	Φρούτο
Hielo	Πάγοσ
Huevos	Αυγα
Pastel	Κέικ
Pescado	Ψάρι
Sal	Αλάτι
Silla	Καρέκλα
Sopa	Σούπα
Tenedor	Πιρούνι
Verduras	Λαχανικά

Ropa
Ρούχα

Abrigo	Παλτό
Blusa	Μπλούζα
Bufanda	Κασκόλ
Camisa	Πουκάμισο
Chaqueta	Σακάκι
Cinturón	Ζώνη
Collar	Κολιέ
Delantal	Ποδιά
Falda	Φούστα
Guantes	Γάντια
Joyas	Κοσμήματα
Moda	Μόδα
Pantalones	Παντελόνι
Pijama	Πιτζάμα
Pulsera	Βραχιόλι
Sandalias	Σανδάλια
Sombrero	Καπέλο
Suéter	Πουλόβερ
Vestido	Φόρεμα
Zapato	Παπούτσι

Selva Tropical
Τροπικό Δάσος

Anfibios	Αμφίβια
Botánico	Βοτανική
Clima	Κλίμα
Comunidad	Κοινότητα
Diversidad	Ποικιλία
Especie	Είδοσ
Insectos	Έντομα
Mamíferos	Θηλαστικά
Musgo	Βρύα
Naturaleza	Φύση
Nubes	Σύννεφα
Pájaros	Πουλιά
Preservación	Διατήρηση
Refugio	Καταφύγιο
Respeto	Σέβομαι
Restauración	Αποκατάσταση
Selva	Ζούγκλα
Supervivencia	Επιβίωση
Valioso	Πολύτιμα

Senderismo
Πεζοπορία

Acantilado	Βράχο
Agua	Νερό
Animales	Ζώα
Botas	Μπότεσ
Camping	Κάμπινγκ
Cansado	Κουρασμένοσ
Clima	Κλίμα
Cumbre	Κορυφή
Guías	Οδηγοί
Mapa	Χάρτη
Montaña	Βουνό
Mosquitos	Κουνούπια
Naturaleza	Φύση
Parques	Πάρκα
Pesado	Βαριά
Piedras	Πέτρα
Preparación	Παρασκευή
Salvaje	Άγριο
Sol	Ήλιοσ

Suministros de Arte
Είδη Τέχνης

Aceite	Λάδι
Acrílico	Ακρυλικό
Acuarelas	Ακουαρέλεσ
Agua	Νερό
Borrador	Γόμα
Caballete	Καβαλέτο
Carbón	Κάρβουνο
Cepillos	Πινέλο
Colores	Χρώματα
Ideas	Ιδέα
Lápices	Μολύβια
Mesa	Τραπέζι
Papel	Χαρτί
Pasteles	Παστέλ
Pegamento	Κόλλα
Silla	Καρέκλα
Tinta	Μελάνι

Surf
Σέρφινγκ

Arrecife	Ξέρα
Atleta	Αθλητήσ
Campeón	Πρωταθλητήσ
Clima	Καιρόσ
Diversión	Διασκέδαση
Espuma	Αφρόσ
Estilo	Στυλ
Estómago	Στομάχι
Extremo	Άκρο
Fuerza	Δύναμη
Multitudes	Πλήθη
Océano	Ωκεανόσ
Ola	Κύμα
Playa	Παραλία
Popular	Δημοφιλήσ
Principiante	Αρχάριοσ
Remo	Κουπί
Velocidad	Ταχύτητα

Tecnología
Τεχνολογία

Archivo	Αρχείο
Blog	Ιστολόγιο
Bytes	Ψηφιολέξεισ
Cursor	Δρομεασ
Datos	Δεδομένα
Digital	Ψηφιακή
Estadísticas	Στατιστική
Internet	Διαδίκτυο
Investigación	Έρευνα
Mensaje	Μήνυμα
Navegador	Περιήγησησ
Ordenador	Υπολογιστή
Pantalla	Οθόνη
Seguridad	Ασφάλεια
Software	Λογισμικό
Virtual	Εικονική
Virus	Ιόσ

Tiempo
Χρόνος

Ahora	Τώρα
Antes	Πριν
Anual	Ετήσια
Año	Ετοσ
Ayer	Χθεσ
Calendario	Ημερολόγιο
Década	Δεκαετία
Día	Μέρα
Futuro	Μέλλον
Hora	Ώρα
Hoy	Σήμερα
Mañana	Πρωί
Mediodía	Μεσημέρι
Mes	Μήνασ
Minuto	Λεπτό
Momento	Στιγμή
Noche	Νύχτα
Reloj	Ρολόι
Semana	Εβδομάδα
Siglo	Αιώνασ

Tipos de Cabello
Τύποι Μαλλιών

Blanco	Λευκό
Brillante	Λαμπερά
Calvo	Φαλακρόσ
Corto	Κοντό
Delgada	Λεπτή
Gris	Γκρι
Grueso	Παχύ
Largo	Μακρύ
Marrón	Καφέ
Negro	Μαύρο
Plata	Ασημένιο
Rizado	Σγουρά
Rizos	Μπούκλεσ
Rubio	Ξανθά
Saludable	Υγιή
Seco	Ξηρό
Suave	Μαλακό
Trenzado	Πλεγμένο
Trenzas	Πλεξούδεσ

Vacaciones #1
Διακοπές #1

Aduana	Τελωνείο
Avión	Αεροπλάνο
Billete	Εισιτήριο
Coche	Αυτοκίνητο
Expedición	Εκδρομή
Itinerario	Δρομολόγιο
Lago	Λίμνη
Maleta	Βαλίτσα
Mochila	Σακίδιο
Moneda	Νόμισμα
Museo	Μουσείο
Paraguas	Ομπρέλα
Relajación	Χαλάρωση
Salida	Αναχώρηση
Tranvía	Τραμ
Turista	Τουριστασ

Vacaciones #2
Διακοπές #2

Aeropuerto	Αεροδρόμιο
Camping	Κάμπινγκ
Carpa	Σκηνή
Destino	Προορισμόσ
Extranjero	Ξένο
Hotel	Ξενοδοχείο
Isla	Νησί
Mapa	Χάρτη
Mar	Θάλασσα
Montañas	Βουνά
Ocio	Αναψυχή
Pasaporte	Διαβατήριο
Playa	Παραλία
Restaurante	Εστιατόριο
Taxi	Ταξί
Transporte	Μεταφορά
Tren	Τρένο
Viaje	Ταξίδι
Visa	Βίζα

Vehículos
Οχήματα

Ambulancia	Ασθενοφόρο
Autobús	Λεωφορείο
Avión	Αεροπλάνο
Balsa	Σχεδία
Barco	Βάρκα
Bicicleta	Ποδήλατο
Camión	Φορτηγό
Caravana	Τροχόσπιτο
Coche	Αυτοκίνητο
Cohete	Ρουκέτα
Ferry	Πορθμείο
Furgoneta	Βαν
Helicóptero	Ελικόπτερο
Metro	Μετρό
Motor	Μηχανή
Neumáticos	Λάστιχα
Submarino	Υποβρύχιο
Taxi	Ταξί
Tractor	Τρακτέρ
Tren	Τρένο

Verano
Καλοκαίρι

Alegría	Χαρά
Amigos	Φίλοι
Buceo	Καταδύσεισ
Camping	Κάμπινγκ
Comida	Τροφή
Estrellas	Αστέρια
Familia	Οικογένεια
Hogar	Σπίτι
Jardín	Κήποσ
Juegos	Παιχνίδια
Libros	Βιβλία
Mar	Θάλασσα
Música	Μουσική
Ocio	Αναψυχή
Playa	Παραλία
Relajación	Χαλάρωση
Sandalias	Σανδάλια
Vacaciones	Διακοπές
Viaje	Ταξίδι

Verduras
Λαχανικά

Ajo	Σκόρδο
Alcachofa	Αγκινάρα
Apio	Σέλινο
Berenjena	Μελιτζάνα
Brócoli	Μπρόκολο
Calabaza	Κολοκύθα
Cebolla	Κρεμμύδι
Ensalada	Σαλάτα
Espinacas	Σπανάκι
Guisante	Μπιζέλι
Jengibre	Τζίντζερ
Nabo	Γογγύλι
Oliva	Ελιά
Patata	Πατάτα
Pepino	Αγγούρι
Perejil	Μαϊντανός
Rábano	Ραπανάκι
Seta	Μανιτάρι
Tomate	Ντομάτα
Zanahoria	Καρότο

Virtudes #1
Αρετές #1

Apasionado	Παθιασμένοσ
Artístico	Καλλιτεχνική
Bien	Καλή
Curioso	Περίεργοσ
Decisivo	Αποφασιστική
Encantador	Γοητευτικό
Fiable	Αξιόπιστο
Generoso	Γενναιόδωρη
Gracioso	Αστείο
Imaginativo	Ευφάνταστη
Independiente	Ανεξάρτητη
Limpio	Καθαρό
Modesto	Μέτριο
Práctico	Πρακτική
Sabio	Σοφόσ
Útil	Χρήσιμη

Enhorabuena

Lo has conseguido!

Esperamos que hayas disfrutado de este libro tanto como nosotros al diseñarlo. Nos esforzamos por crear libros de la máxima calidad posible.
Esta edición está diseñada para proporcionar un aprendizaje inteligente, de calidad y divertido!

¿Te ha gustado este libro?

Una Petición Sencilla

Estos libros existen gracias a las reseñas que se publican.
¿Podrías ayudarnos dejando una reseña ahora?
Aquí tienes un breve enlace a la página de reseñas

BestBooksActivity.com/Opiniones50

¡DESAFÍO FINAL!

Reto n°1

¿Estás listo para tu juego gratis? Los utilizamos siempre, pero no son tan fáciles de encontrar. ¡Aquí están los **Sinónimos!**

Escribe 5 palabras que hayas encontrado en los rompecabezas (#21, #36, #76) y trata de encontrar 2 sinónimos para cada palabra.

Escriba 5 palabras del *Puzzle 21*

Palabras	Sinónimo 1	Sinónimo 2

Escriba 5 palabras del *Puzzle 36*

Palabras	Sinónimo 1	Sinónimo 2

Escriba 5 palabras del *Puzzle 76*

Palabras	Sinónimo 1	Sinónimo 2

Reto n°2

Ahora que te has calentado, escribe 5 palabras que hayas encontrado en los Puzzles 9, 17 y 25 e intenta encontrar 2 antónimos para cada palabra. ¿Cuántos puedes encontrar en 20 minutos?

Escriba 5 palabras del **Puzzle 9**

Palabras	Antónimo 1	Antónimo 2

Escriba 5 palabras del **Puzzle 17**

Palabras	Antónimo 1	Antónimo 2

Escriba 5 palabras del **Puzzle 25**

Palabras	Antónimo 1	Antónimo 2

Reto n°3

¡Genial! Este desafío final no es nada para ti.

¿Preparado para el reto final? Elige 10 palabras que hayas descubierto en los diferentes rompecabezas y escríbelas a continuación.

1.	6.
2.	7.
3.	8.
4.	9.
5.	10.

Ahora escribe un texto pensando en una persona, un animal o un lugar que te guste.

Puedes usar la última página de este libro como borrador.

Tu Composición:

CUADERNO DE NOTAS :

HASTA PRONTO !

Todo el Equipo

www.ingramcontent.com/pod-product-compliance
Lightning Source LLC
Chambersburg PA
CBHW081703120626
46550CB00010B/2998